# **antonio uriel** con los grados de la ceniza

IAACC PABLO SERRANO
Sala 00

# **antonio uriel** con los grados de la ceniza

julio > septiembre > 2025
ZARAGOZA

**In girum imus nocte et consumimur igni**
(d'après Debord)

a

**Ángel Lahoz Callejas**

**Juan Navarro Sanmartín**

[ 1 ]

No hay arriba ni abajo, solo sus nombres.
La imagen, más humilde, guarda la luz del río y el eco de la sombra.

There's no up or down, just their names.
The image, more humble, keeps the light of the river and the echo of the shadow.

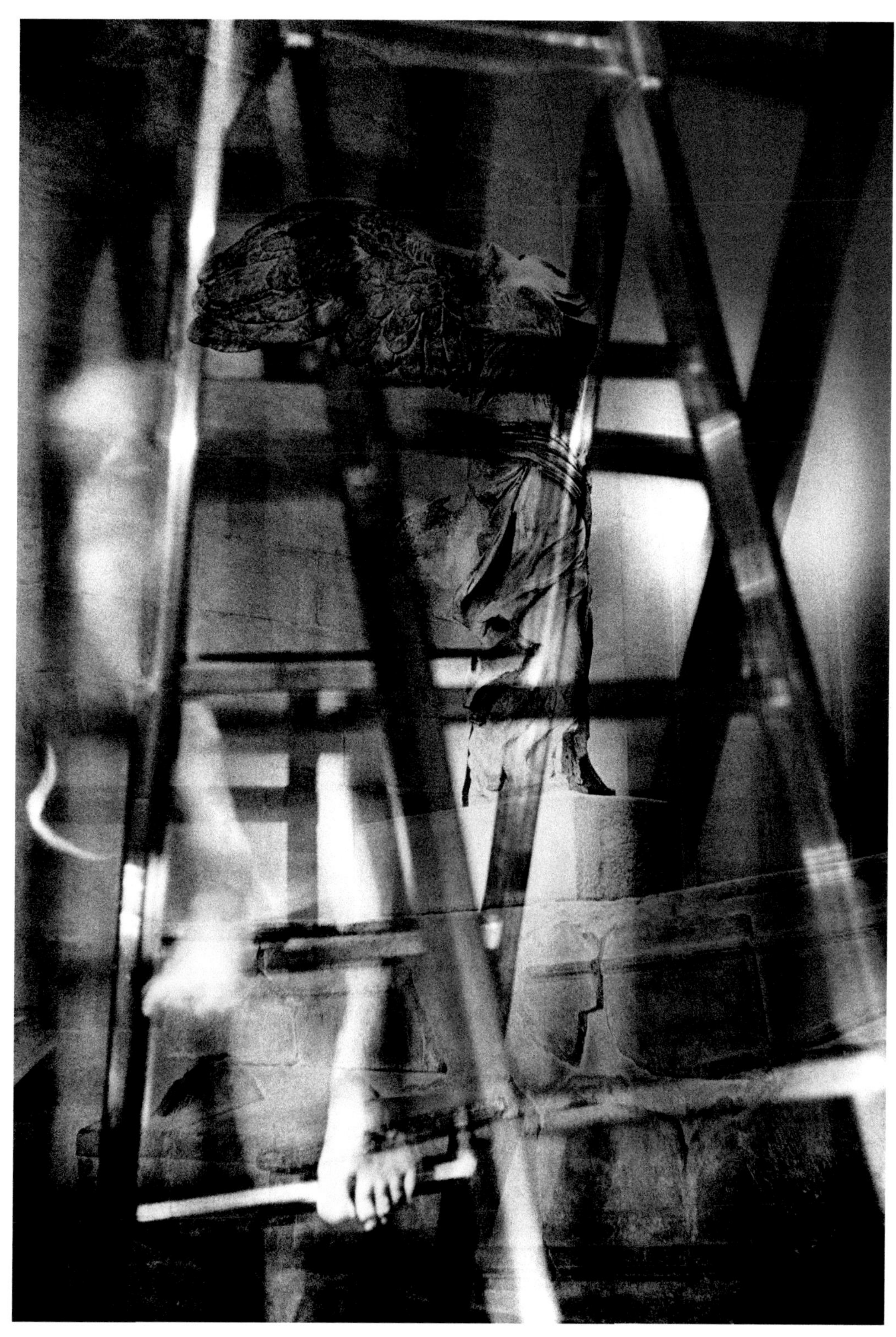

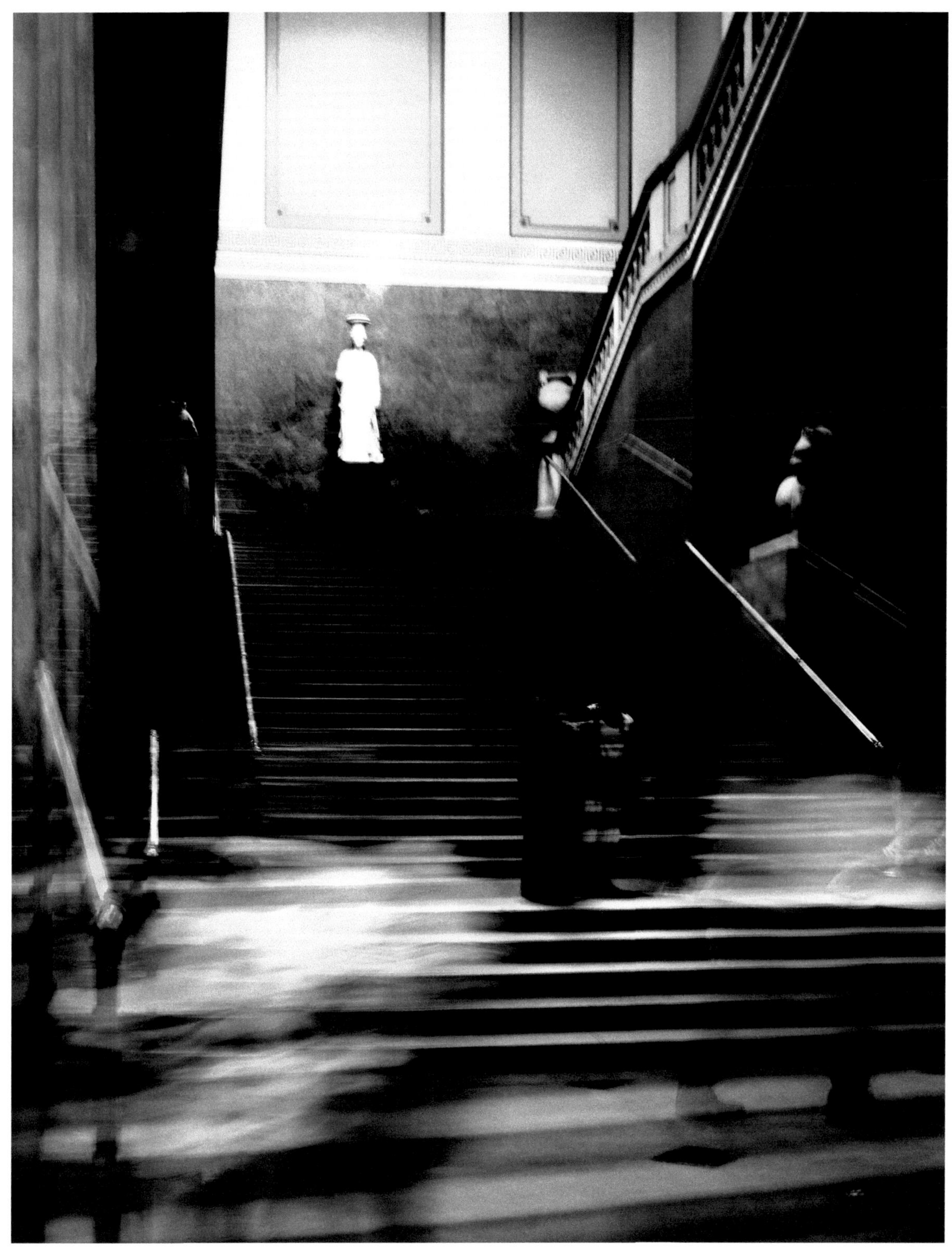

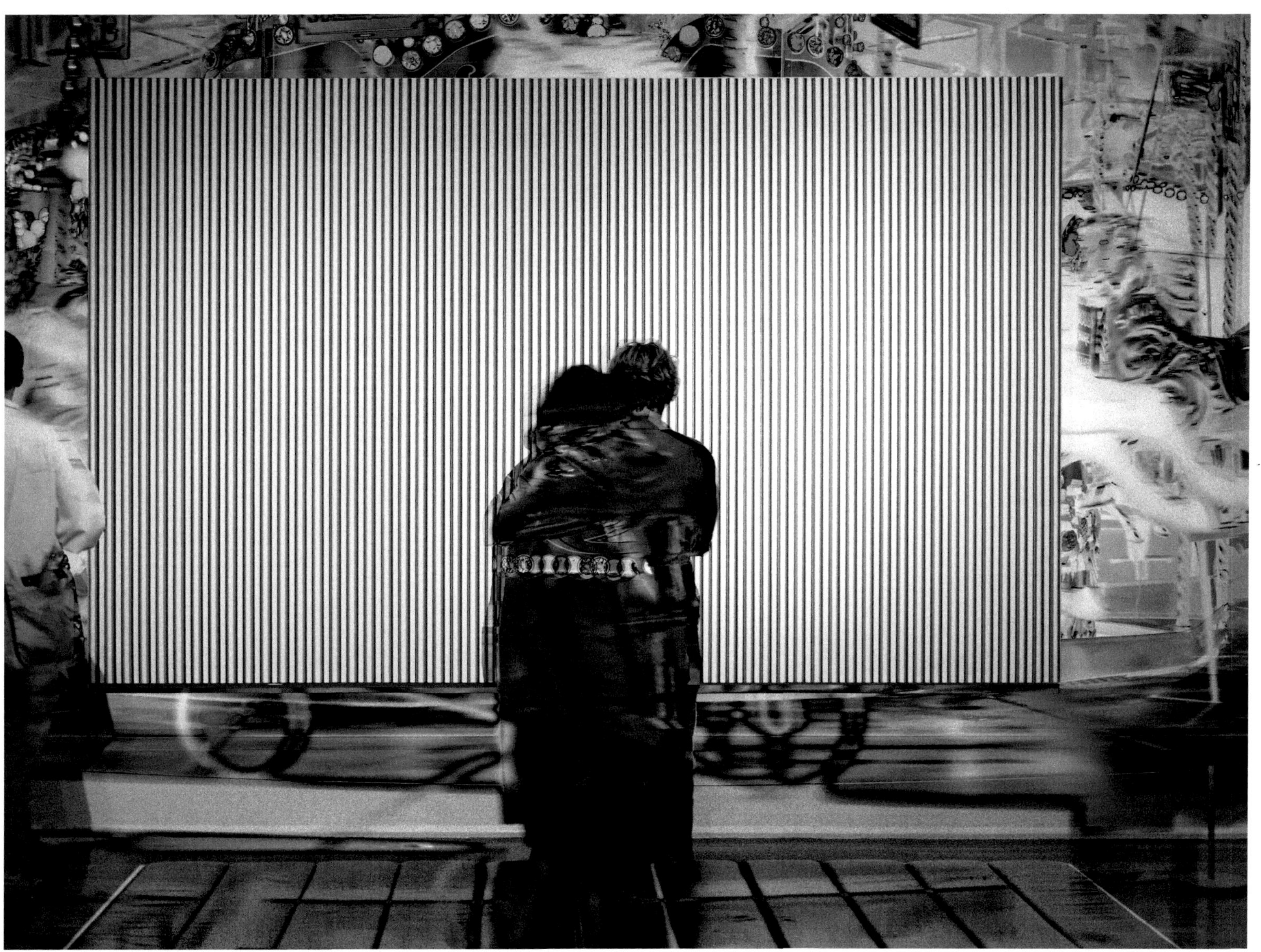

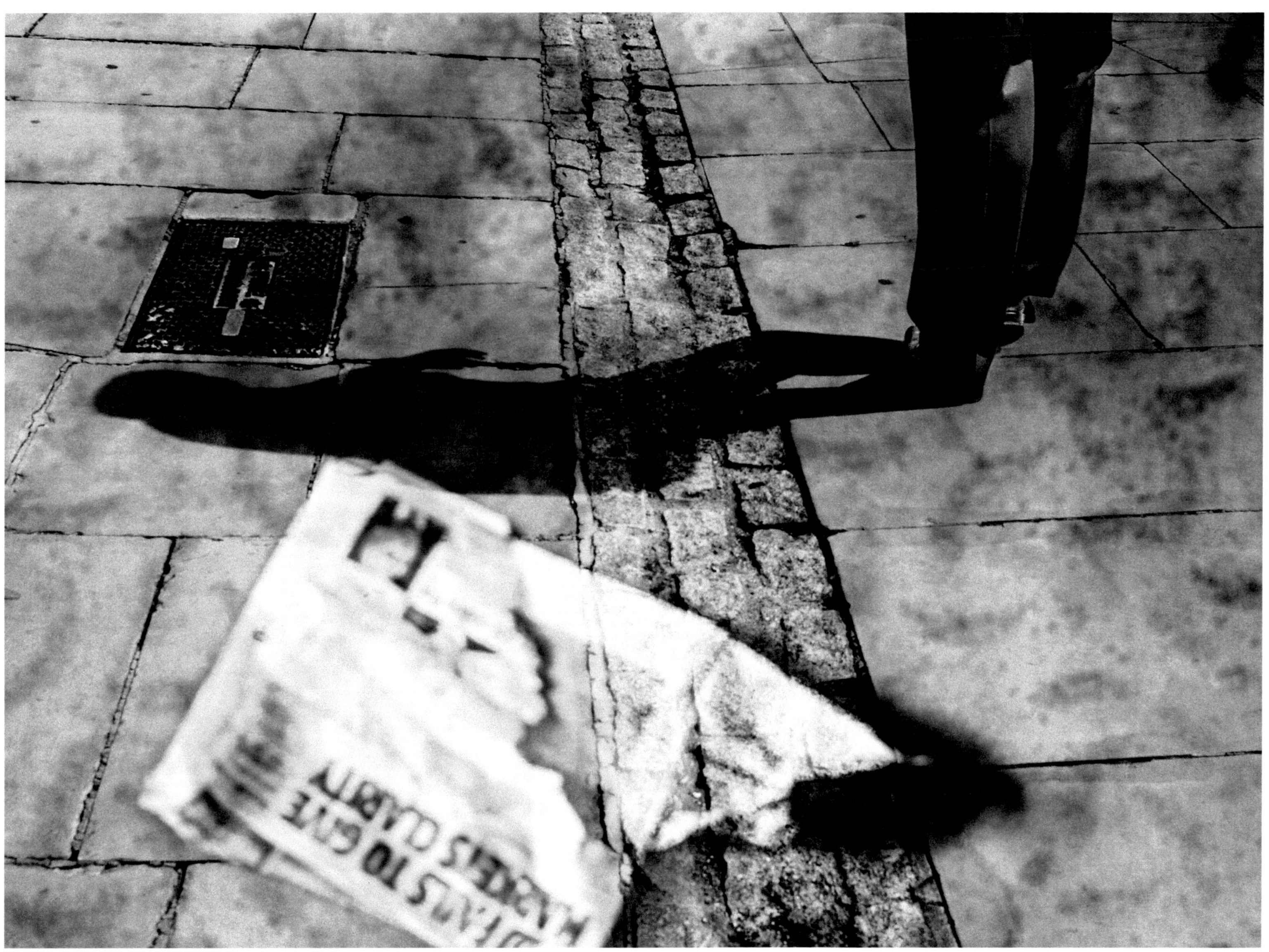

[ 2 ]

Los pliegues de la cortina repiten los del párpado sobre el ojo. ¿Tampoco hay dentro y fuera?
La foto revela analogías: su ruido marca el rumbo a la mirada, abre a negro.

The folds of the curtain repeat those of the eyelid over the eye. Is there also no inside and outside?
The photo reveals analogies: its noise marks the direction of the gaze, opens to black.

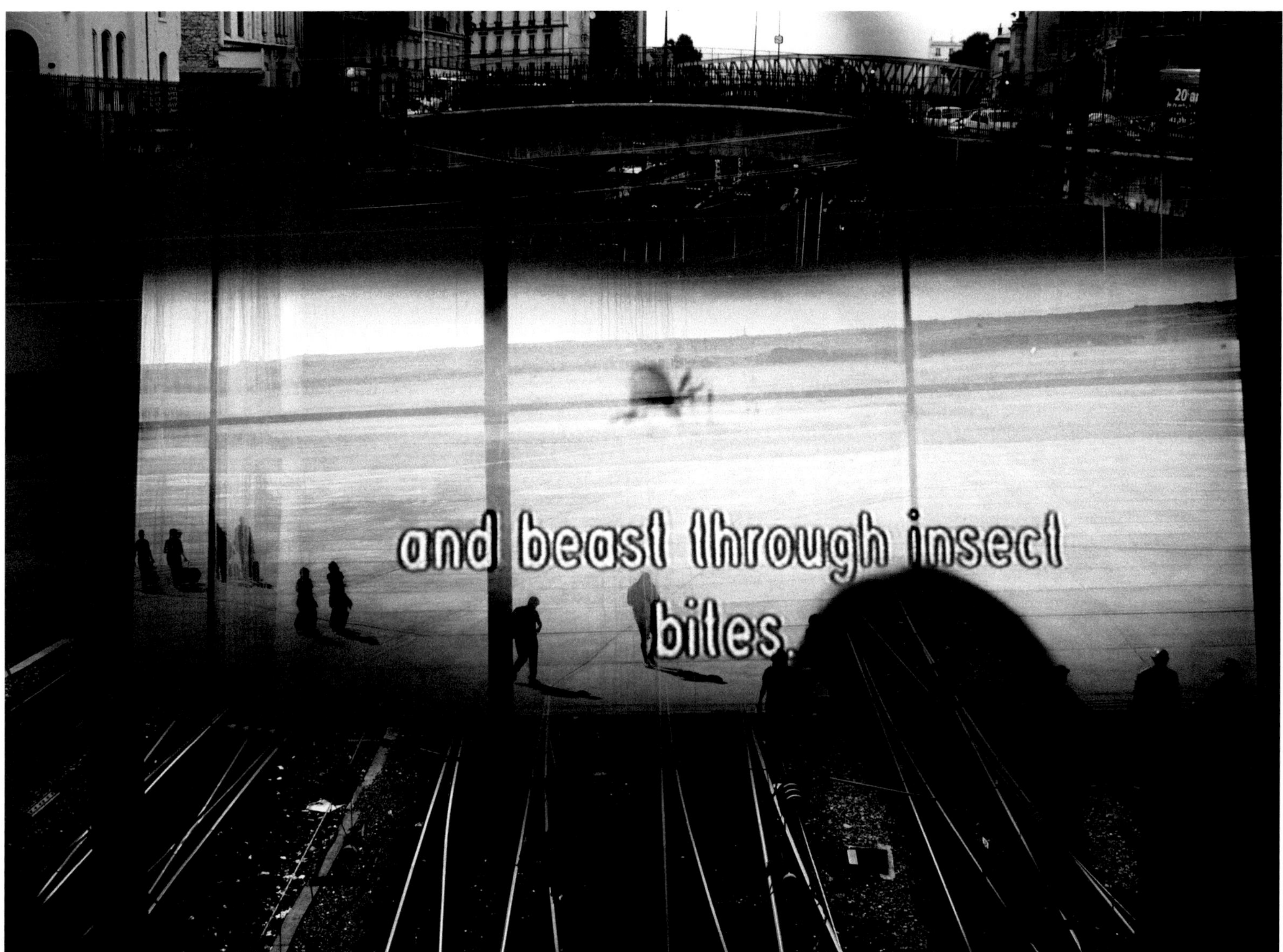
and beast through insect
bites.

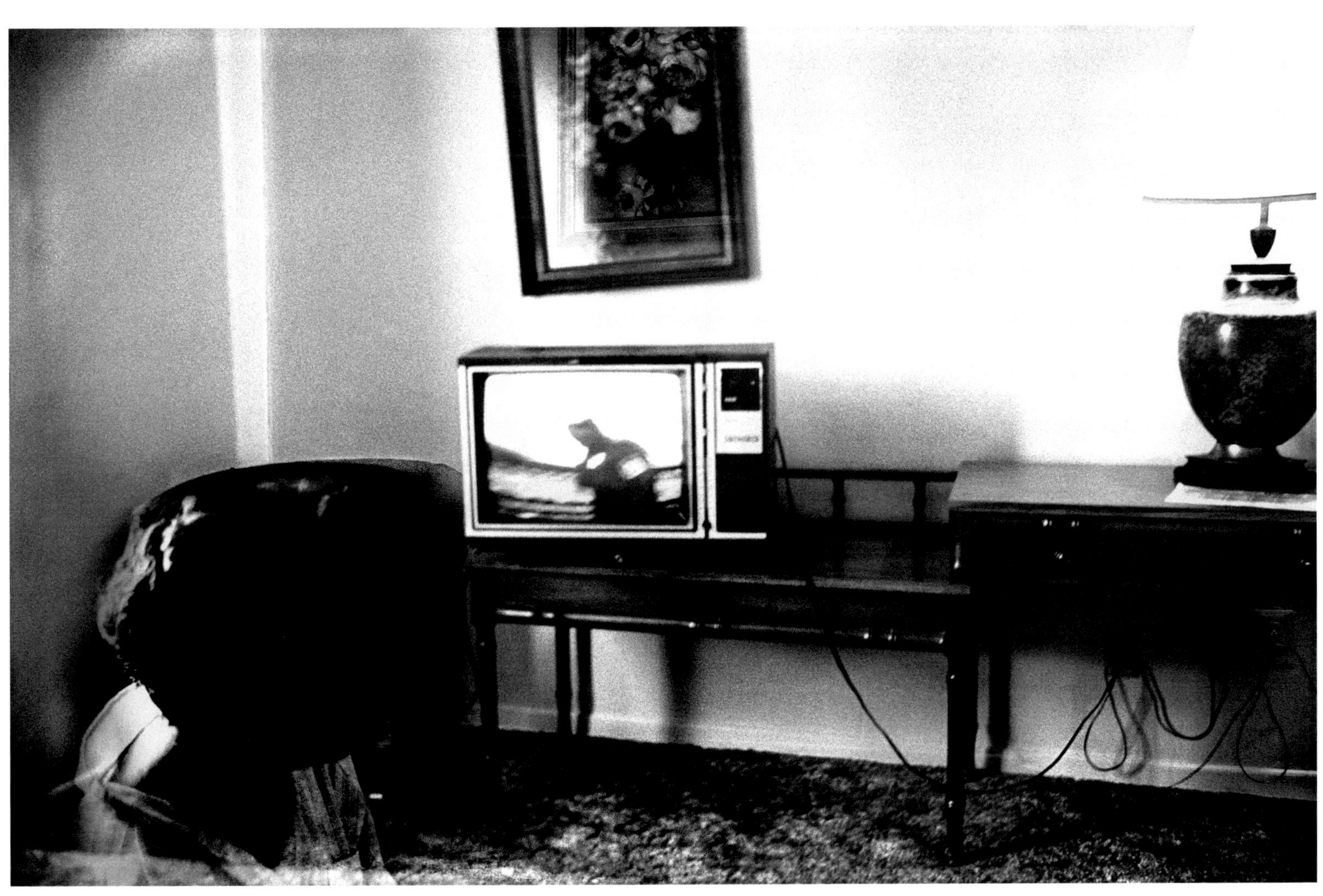

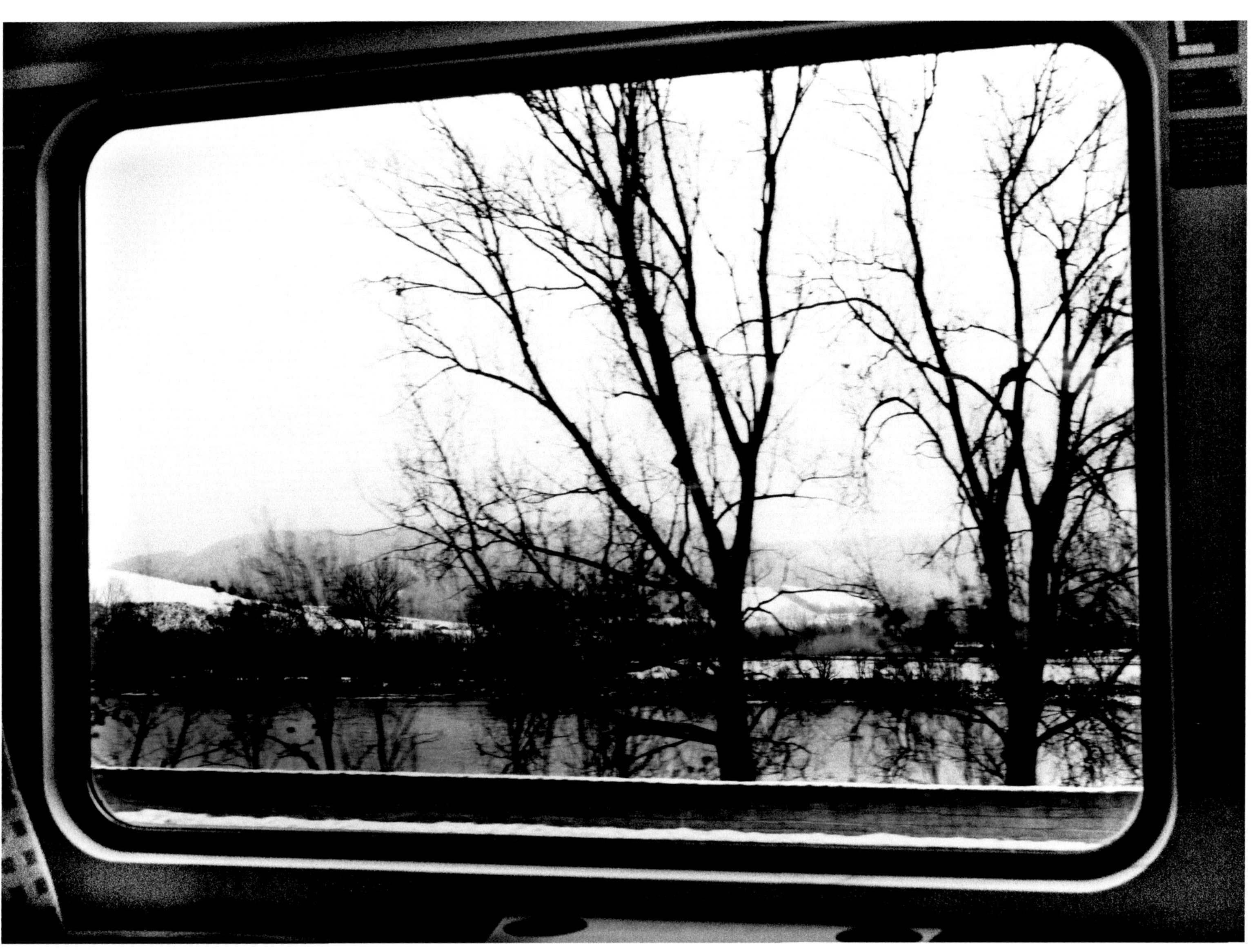

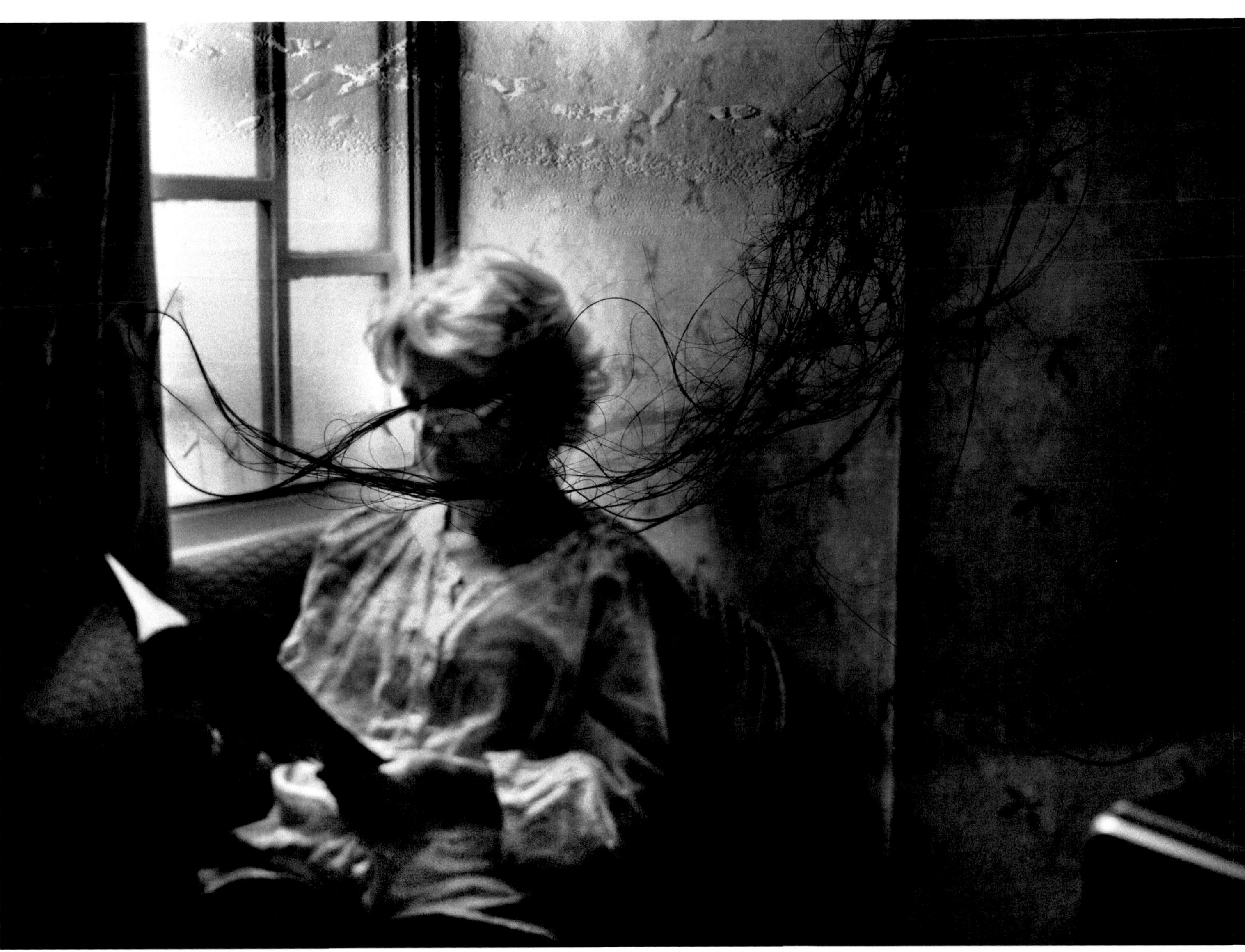

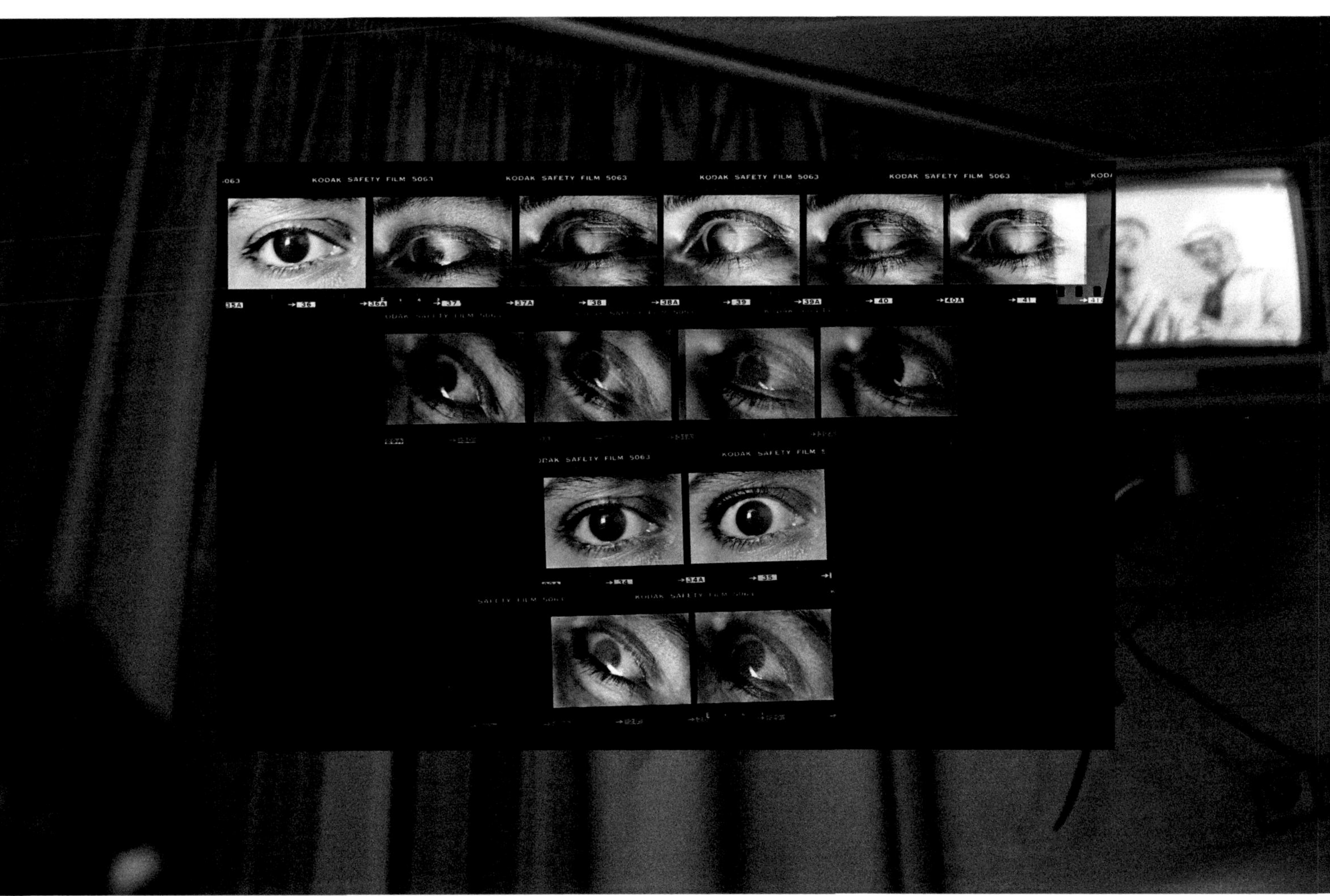
KODAK SAFETY FILM 5063

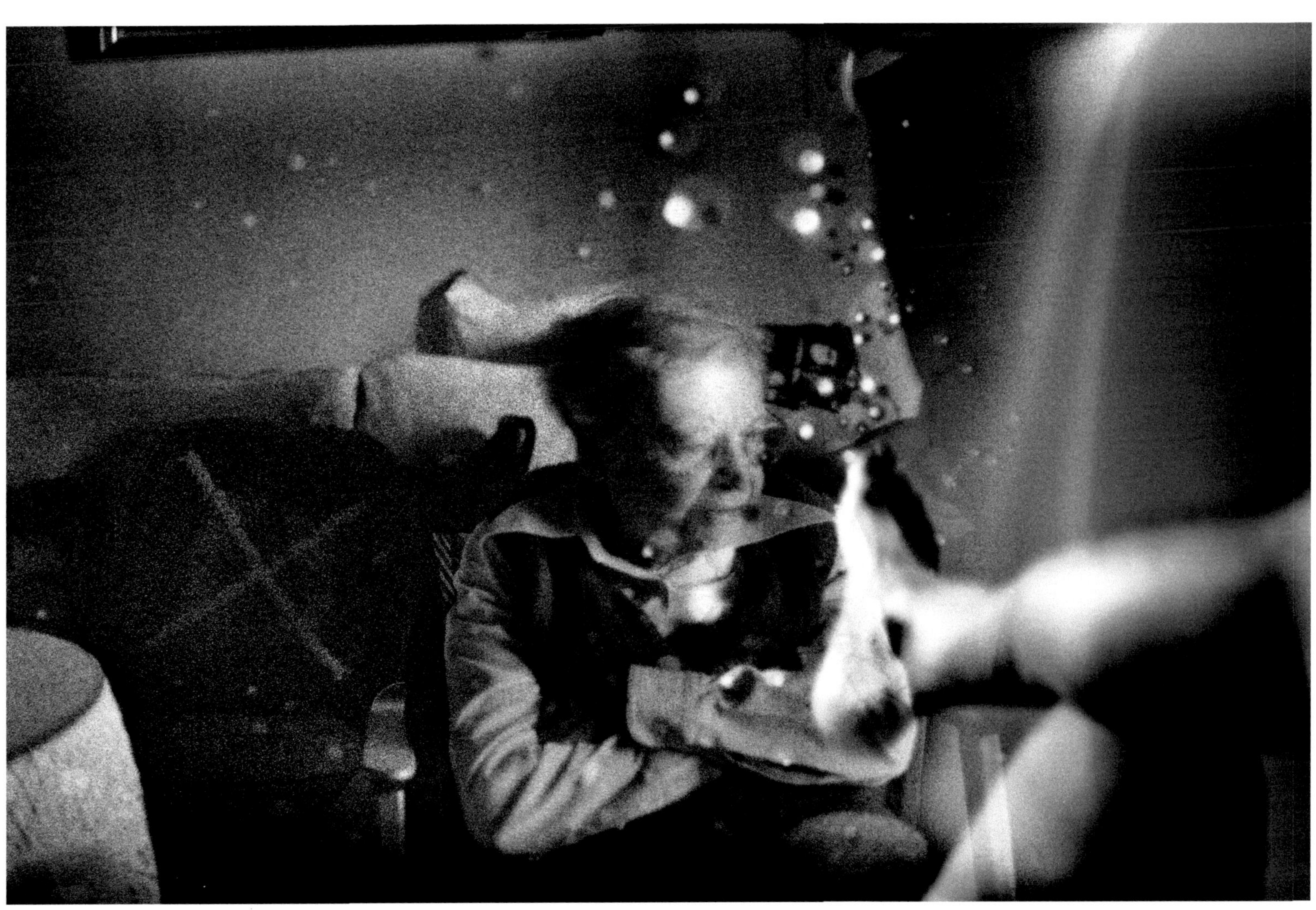

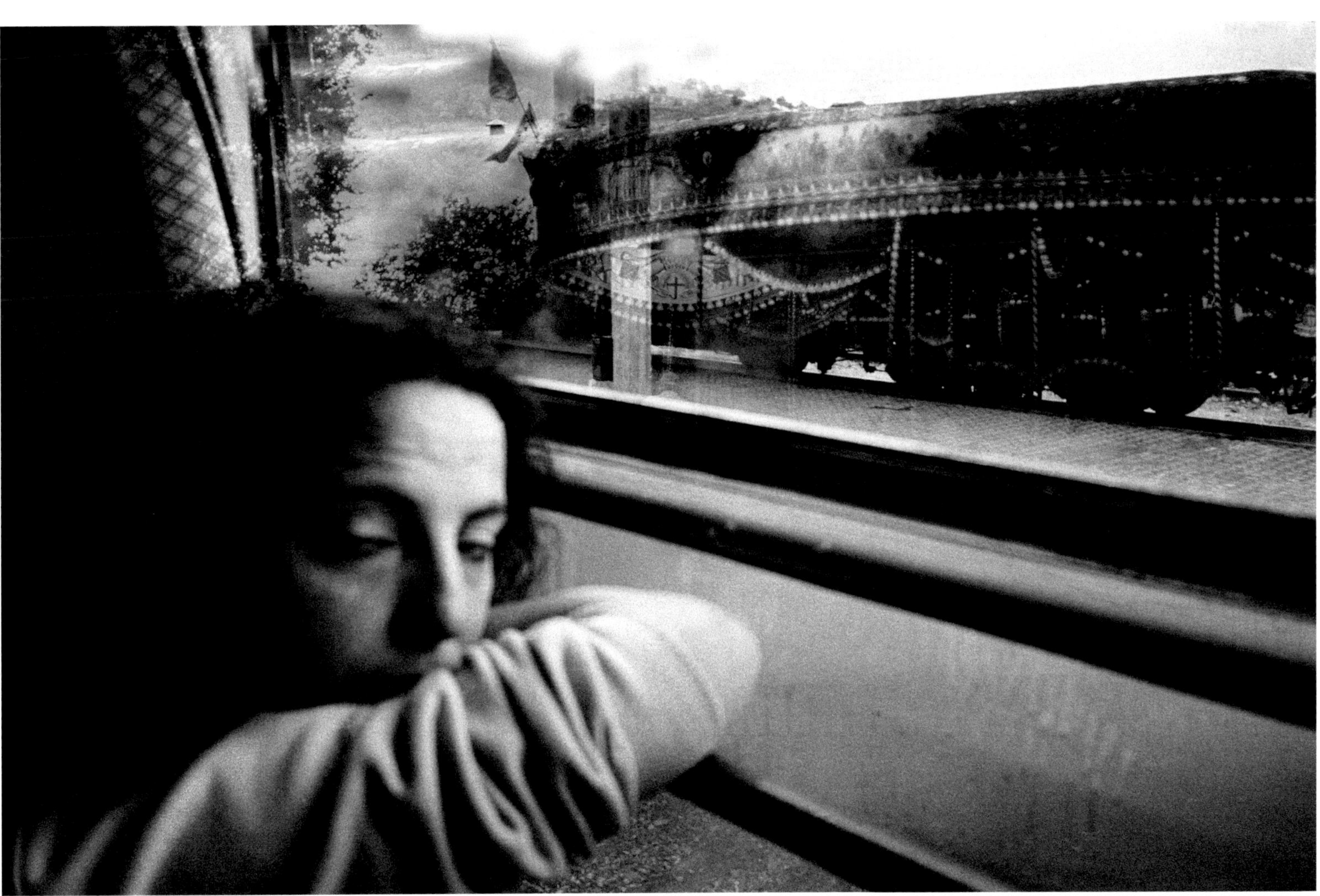

[ 3 ]

La lógica del símbolo sospecha una encrucijada al fondo del camino.
(Tendí un laberinto para encontrarnos).

The logic of the symbol suspects a crossroads at the end of the path.
(I set up a labyrinth to find each other.)

36

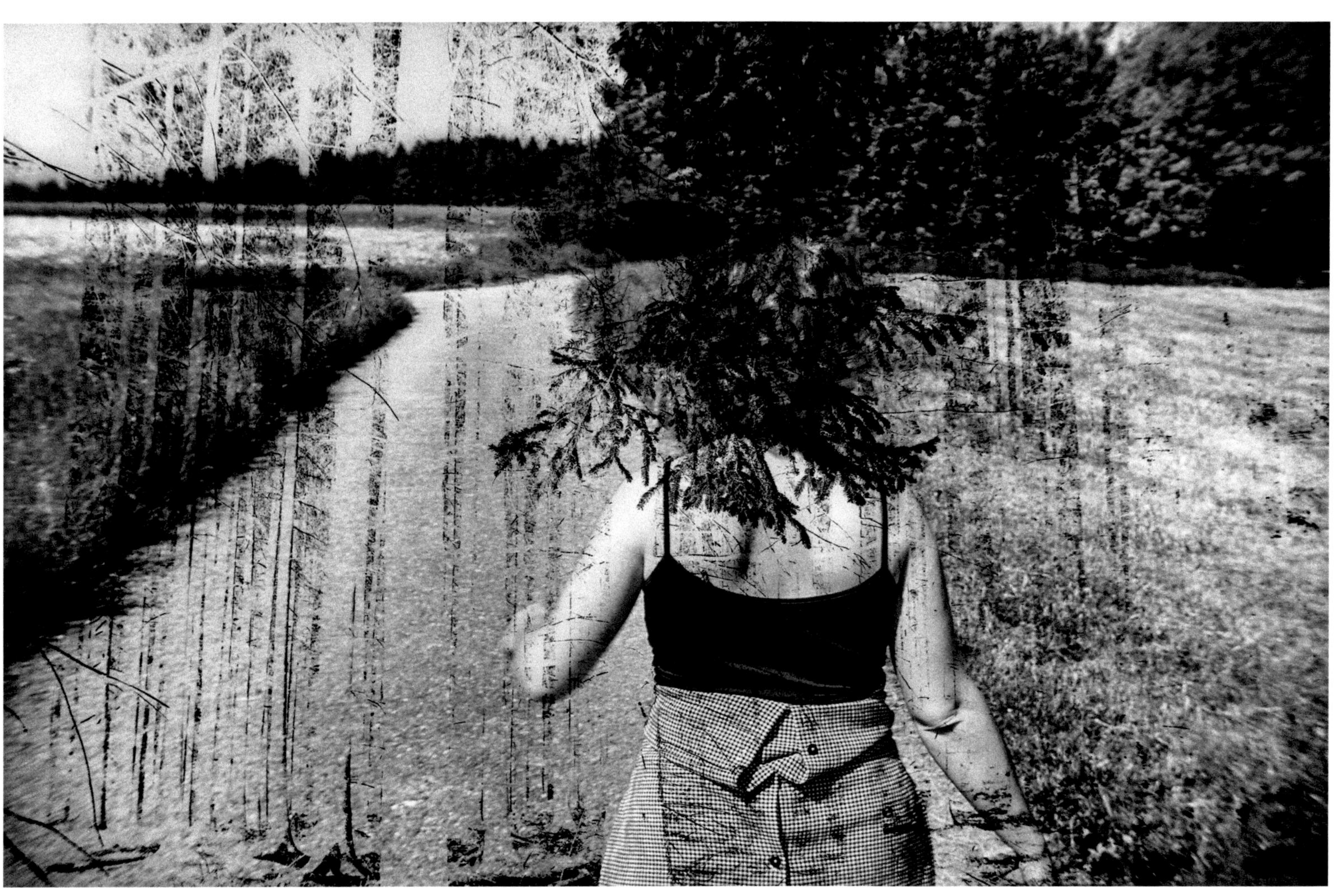

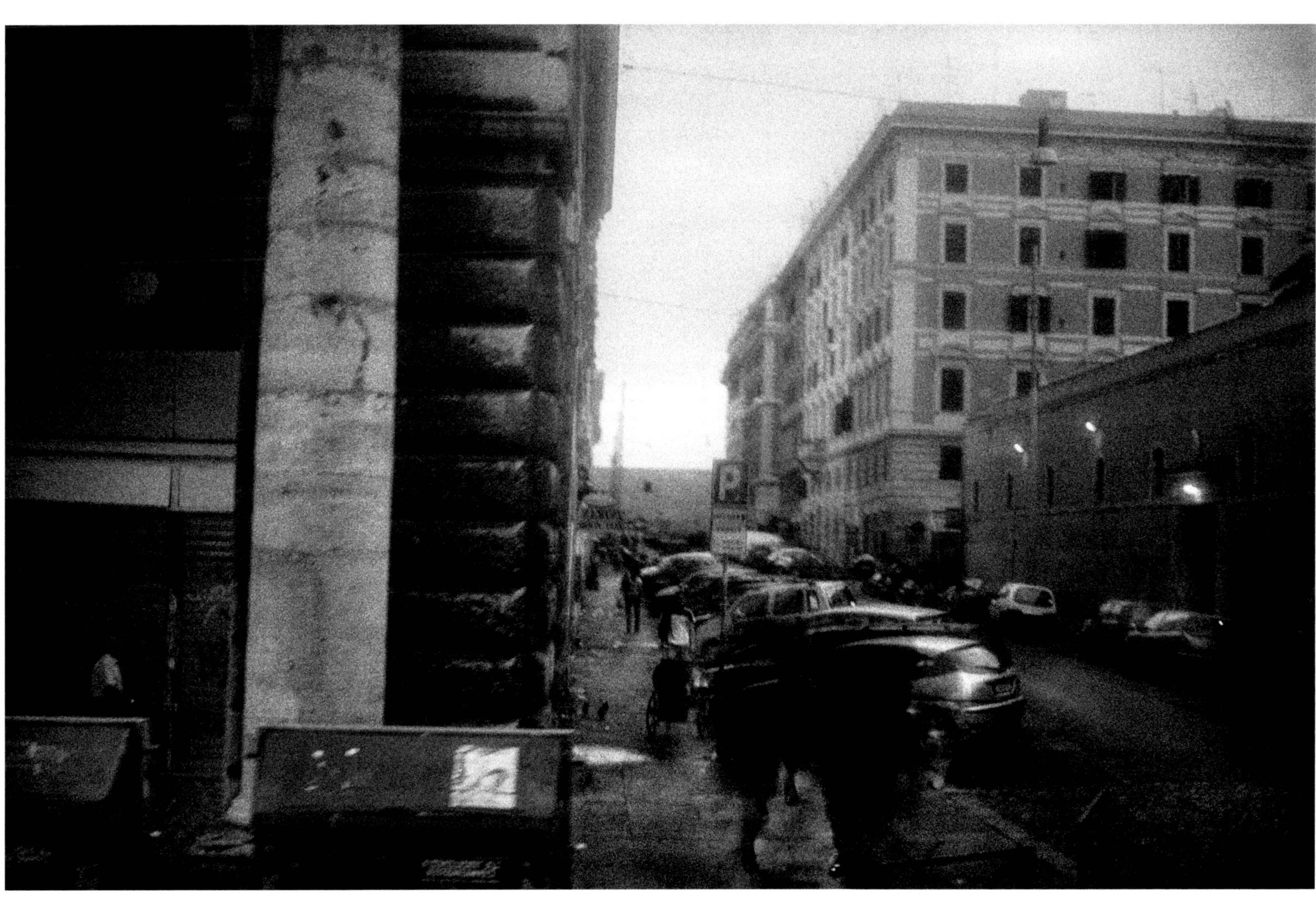

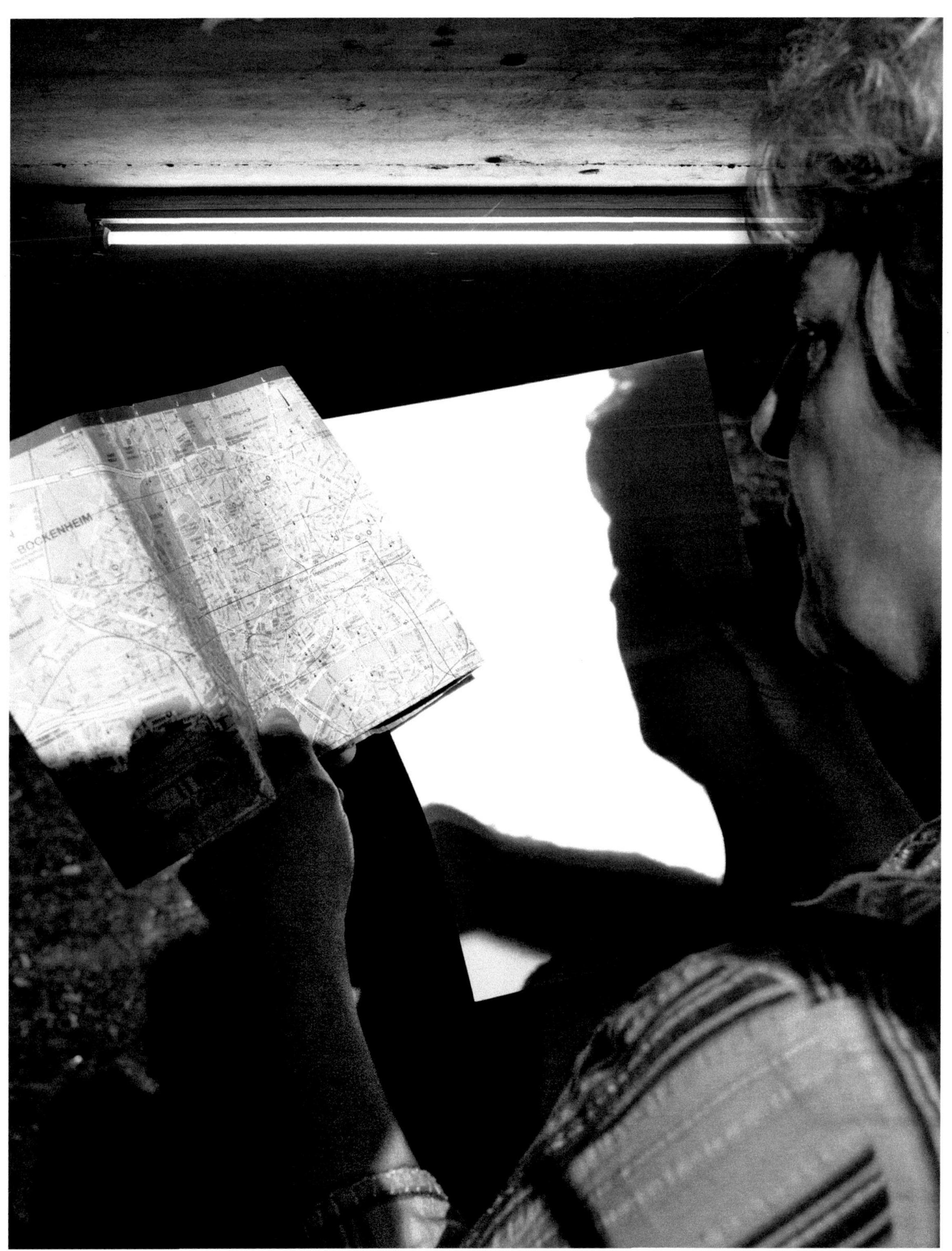
BOCKENHEIM

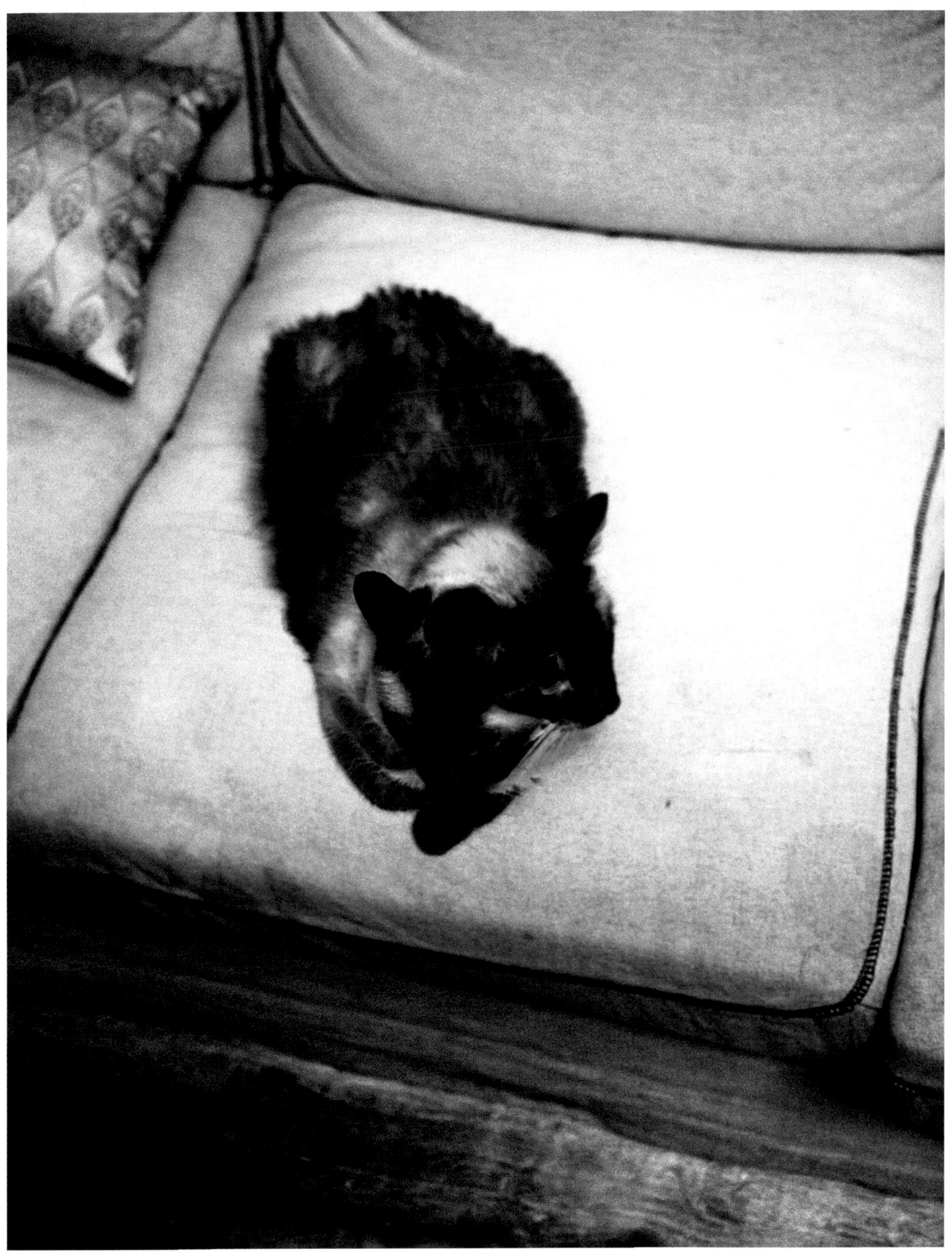

[ 4 ]

¿En qué momento las barras que asíamos al girar se hincaron en la tierra como postes del dolor?
Esta sombra, como el eco, no es de ahora. Los ángeles transitan un carril de ceniza caída de sus alas.

At what point did the bars that we grabbed when we turned sank into the earth like poles of pain?
This shadow, like the echo, is not the present. Angels leave a trail of ash fallen from their wings.

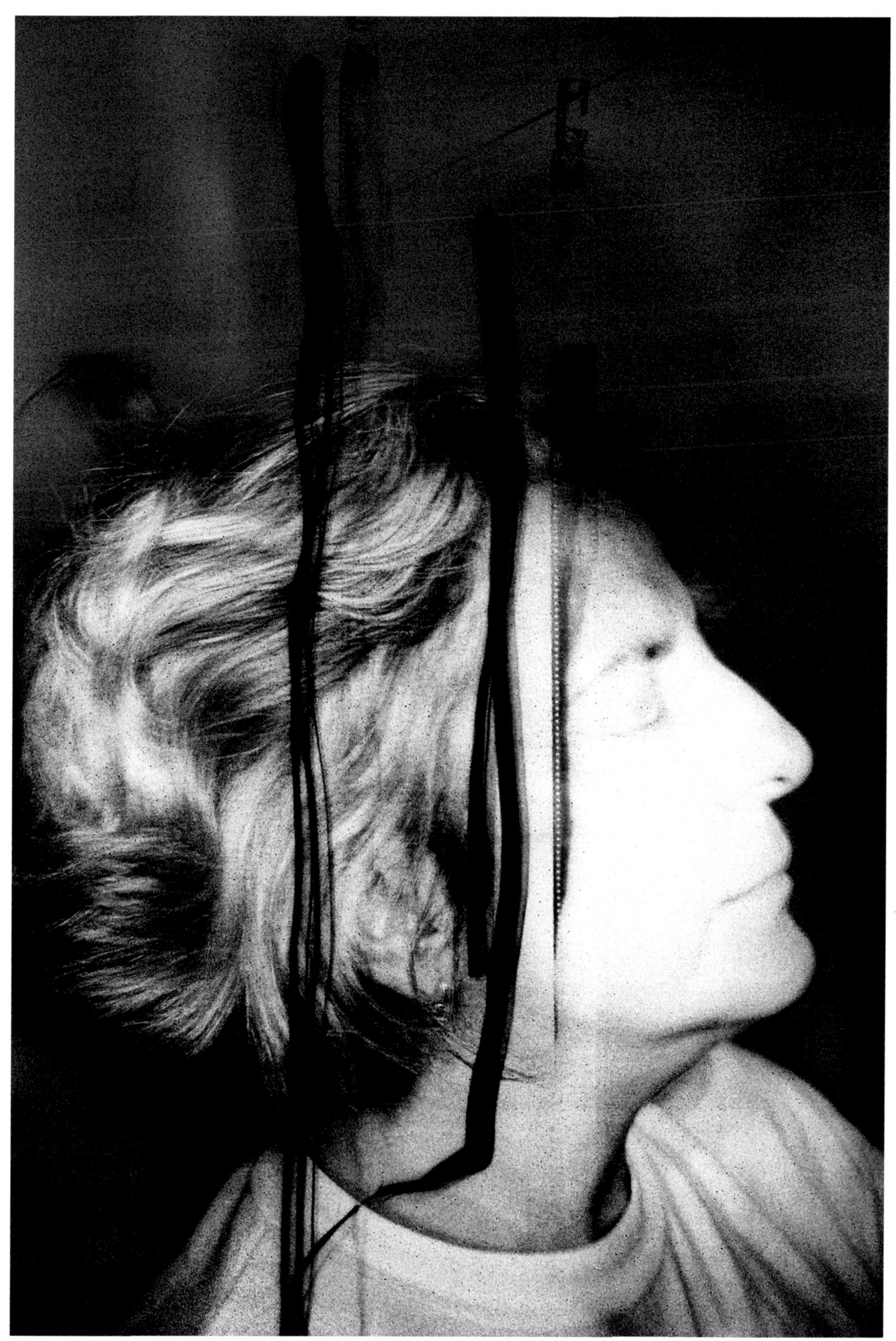

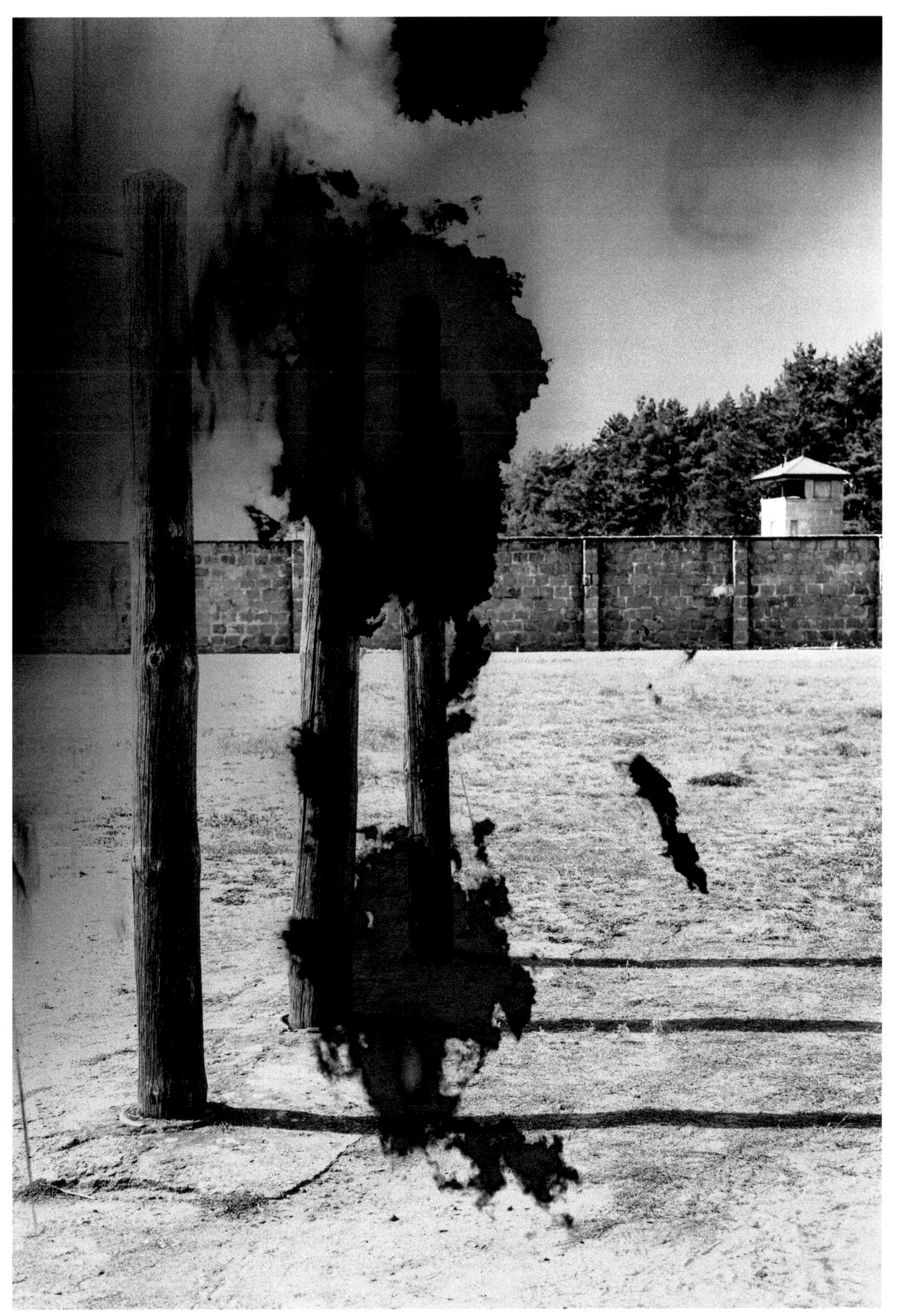

50

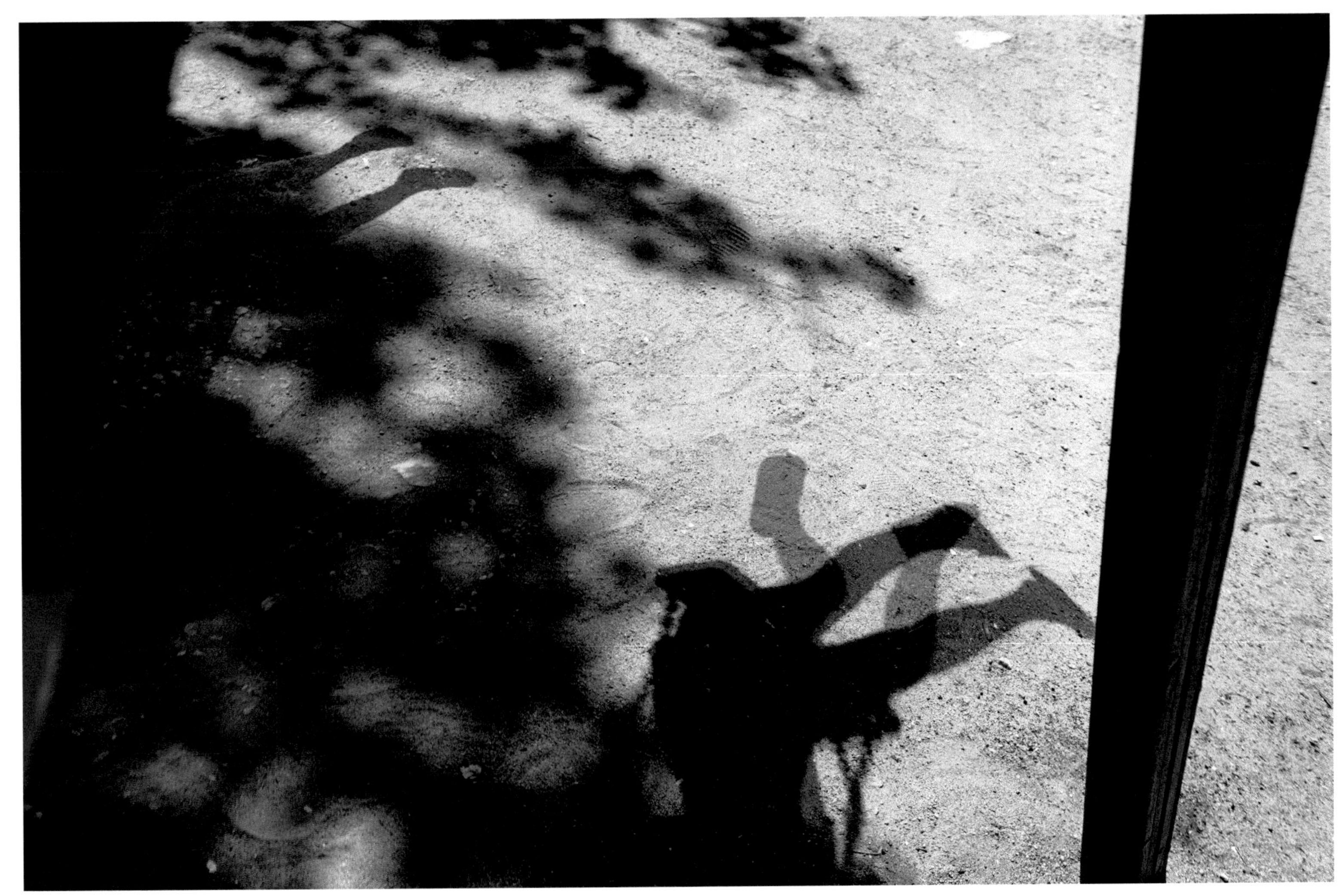

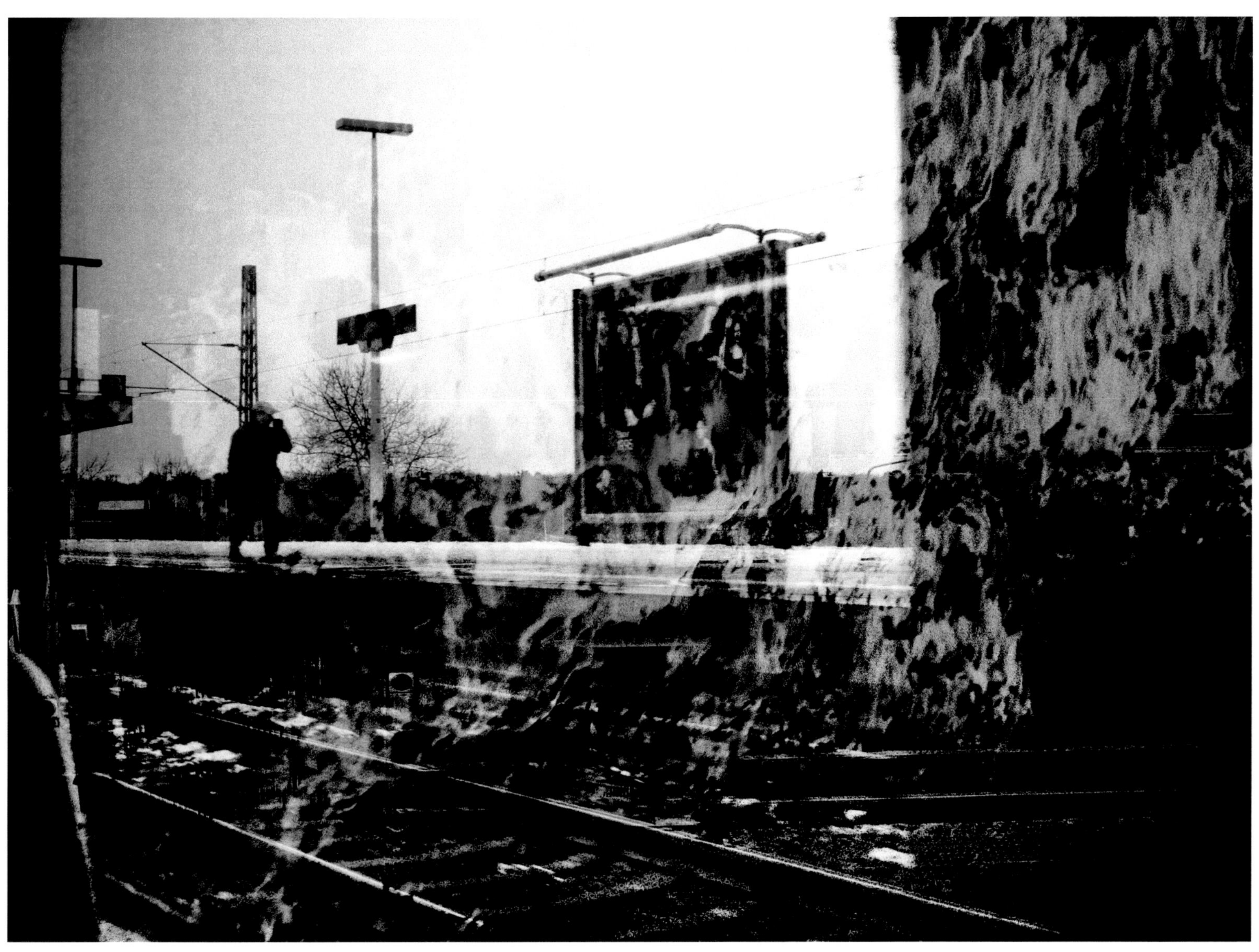

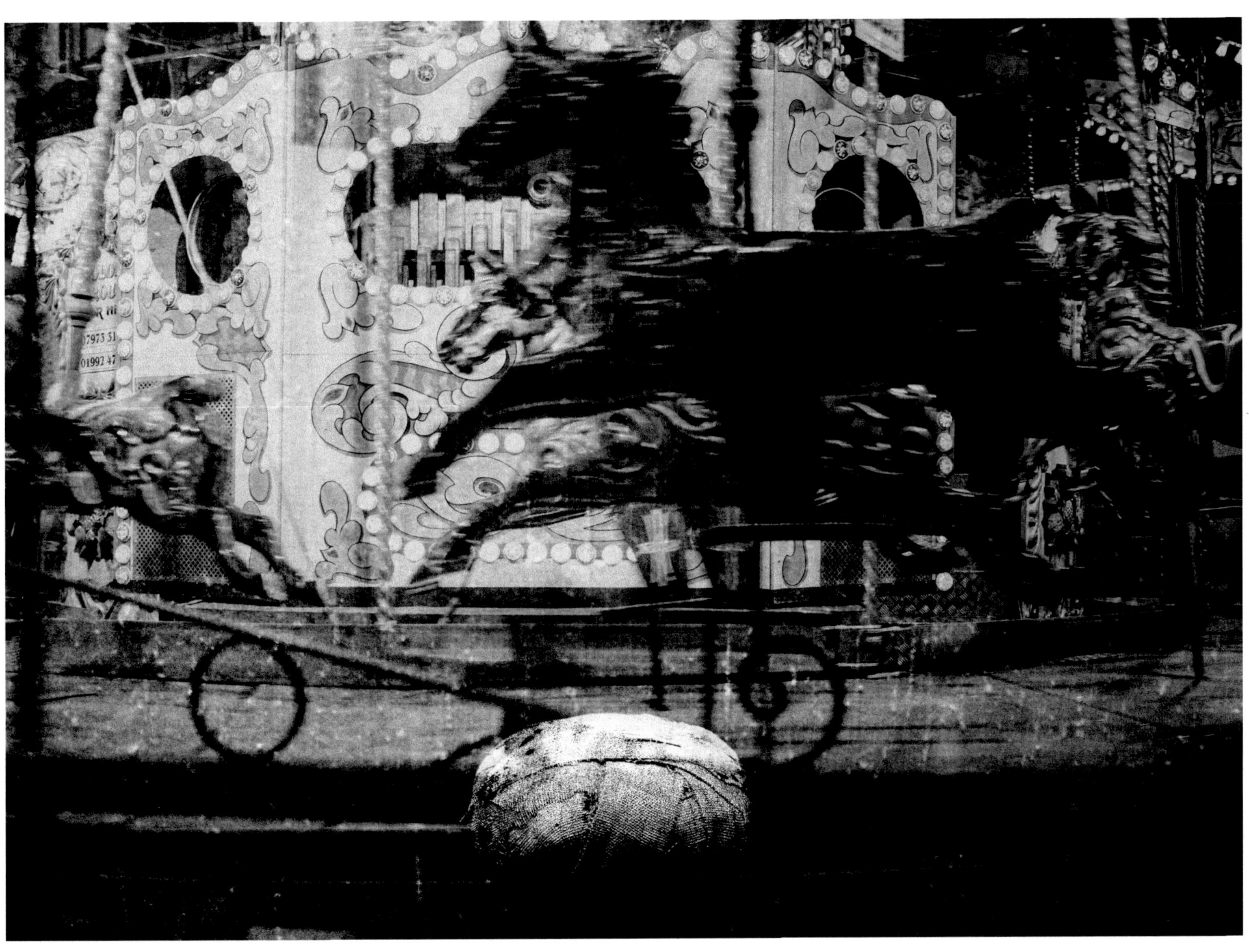

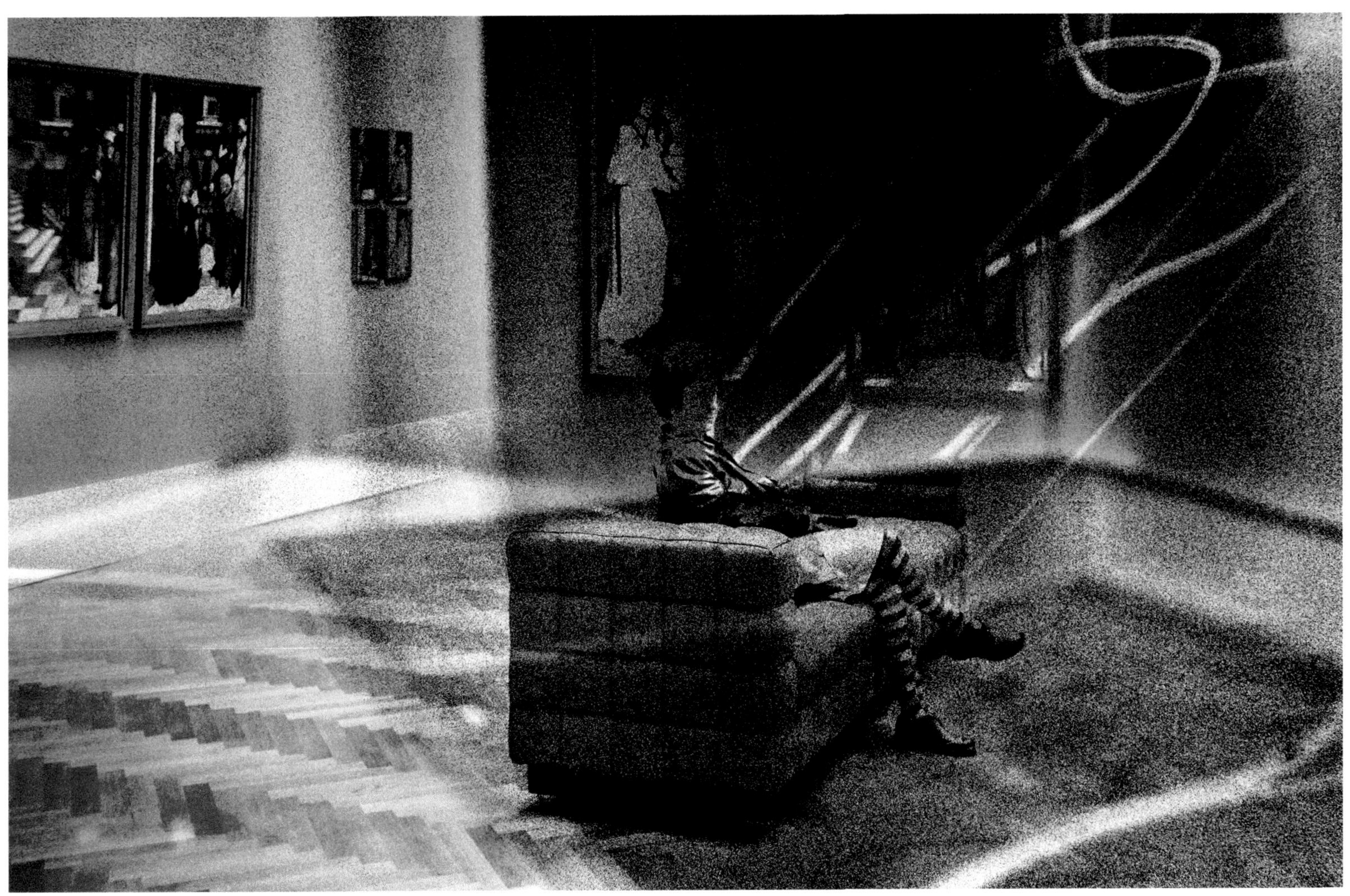

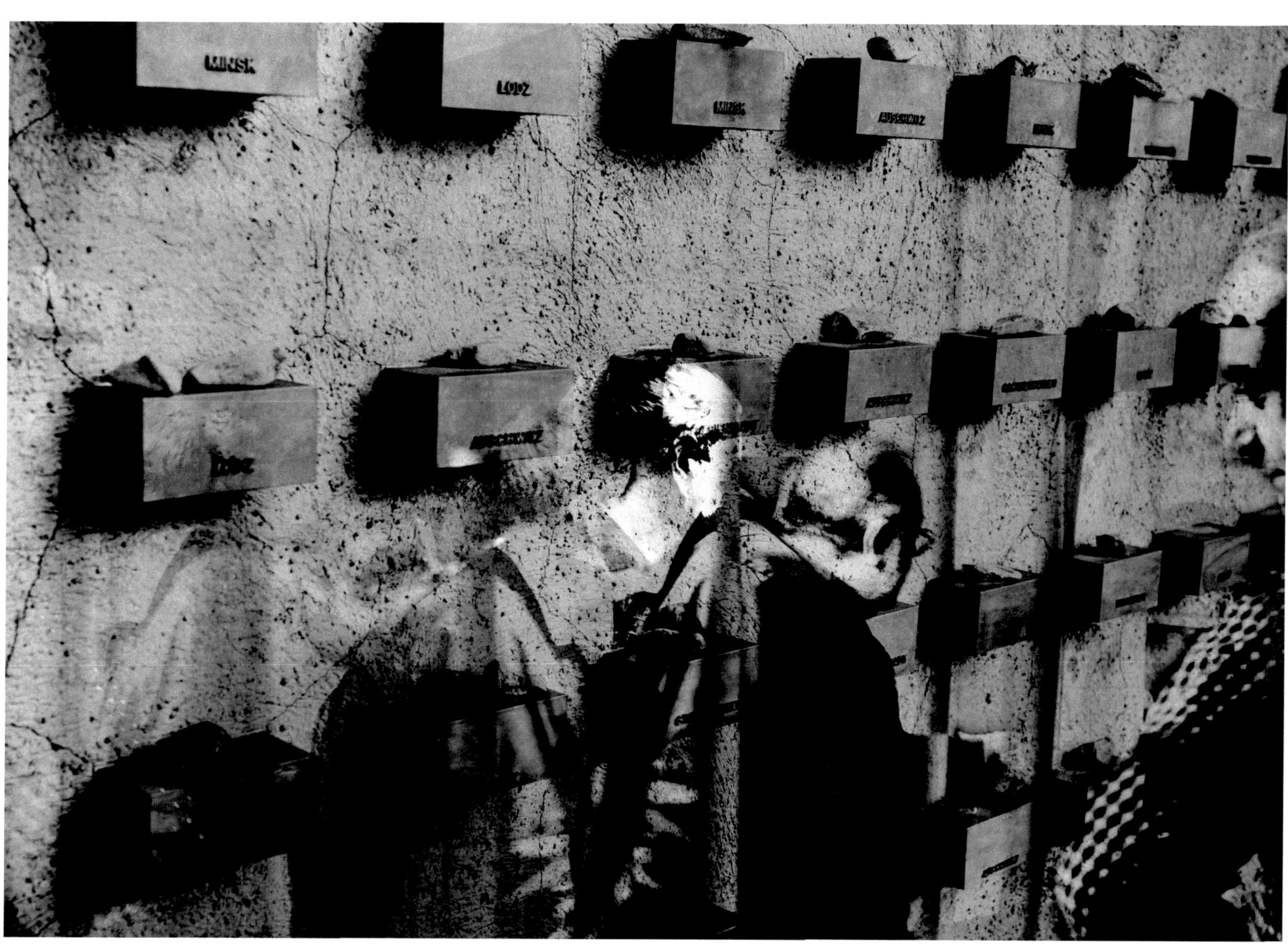
MINSK
LODZ
AUSCHWITZ

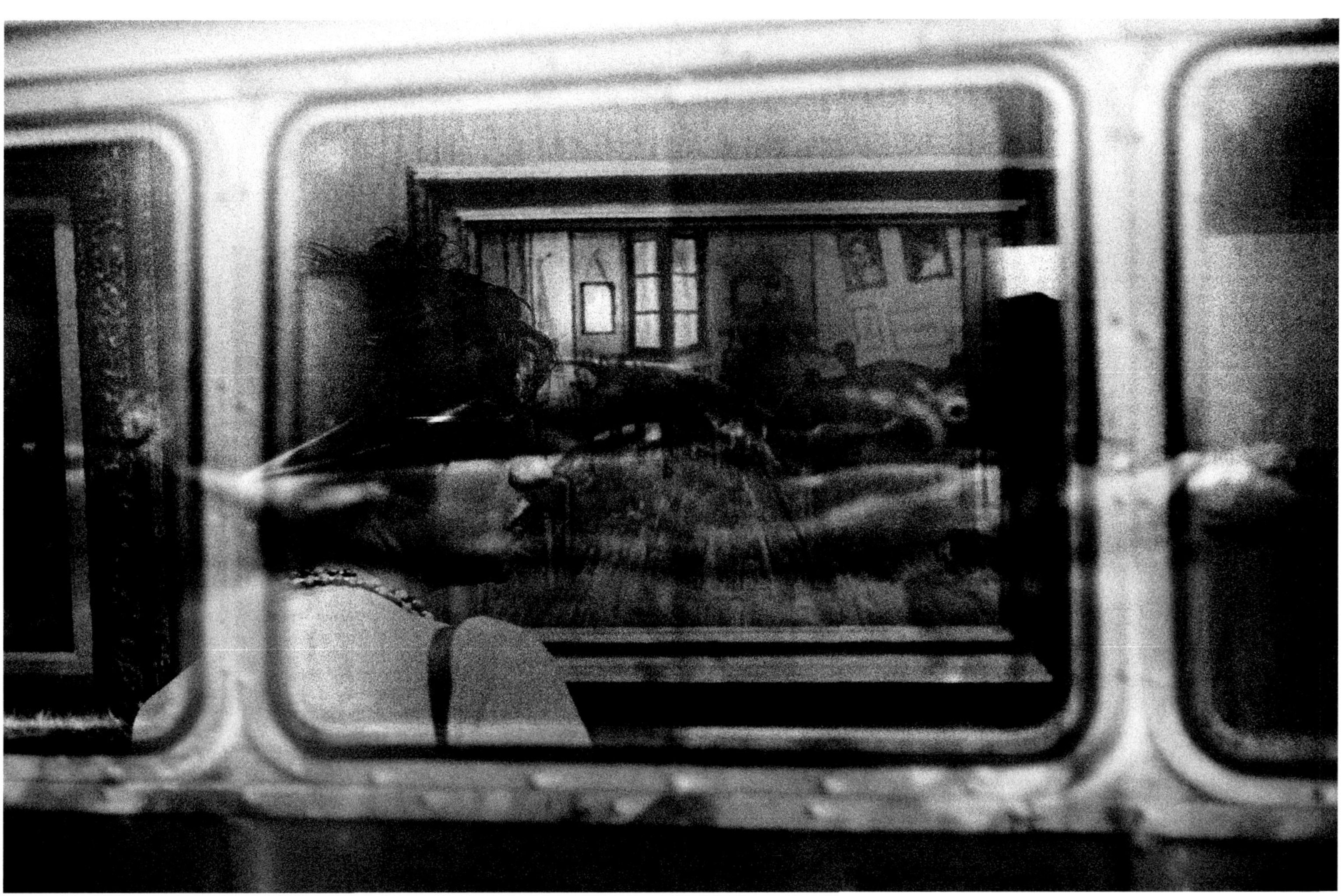

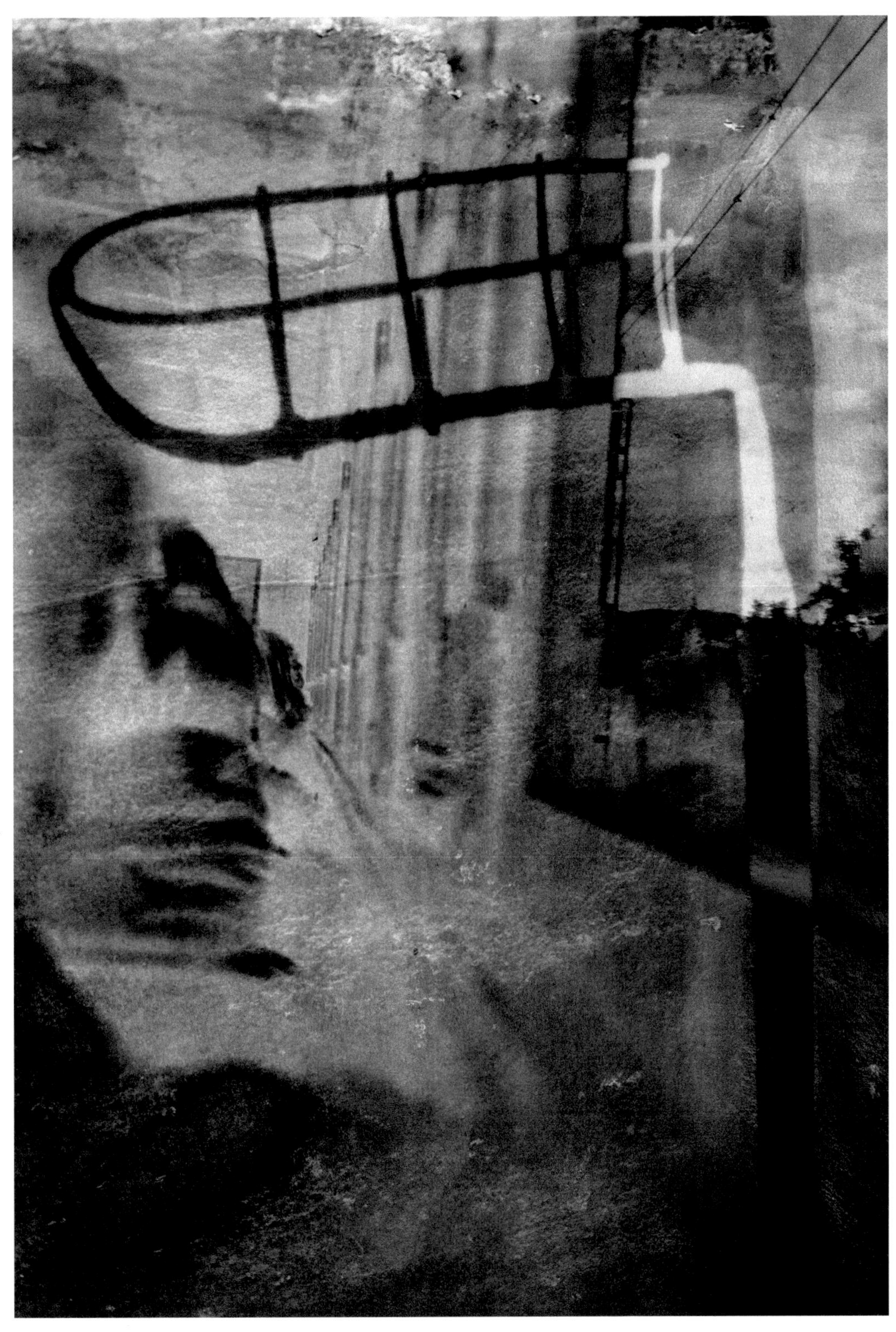

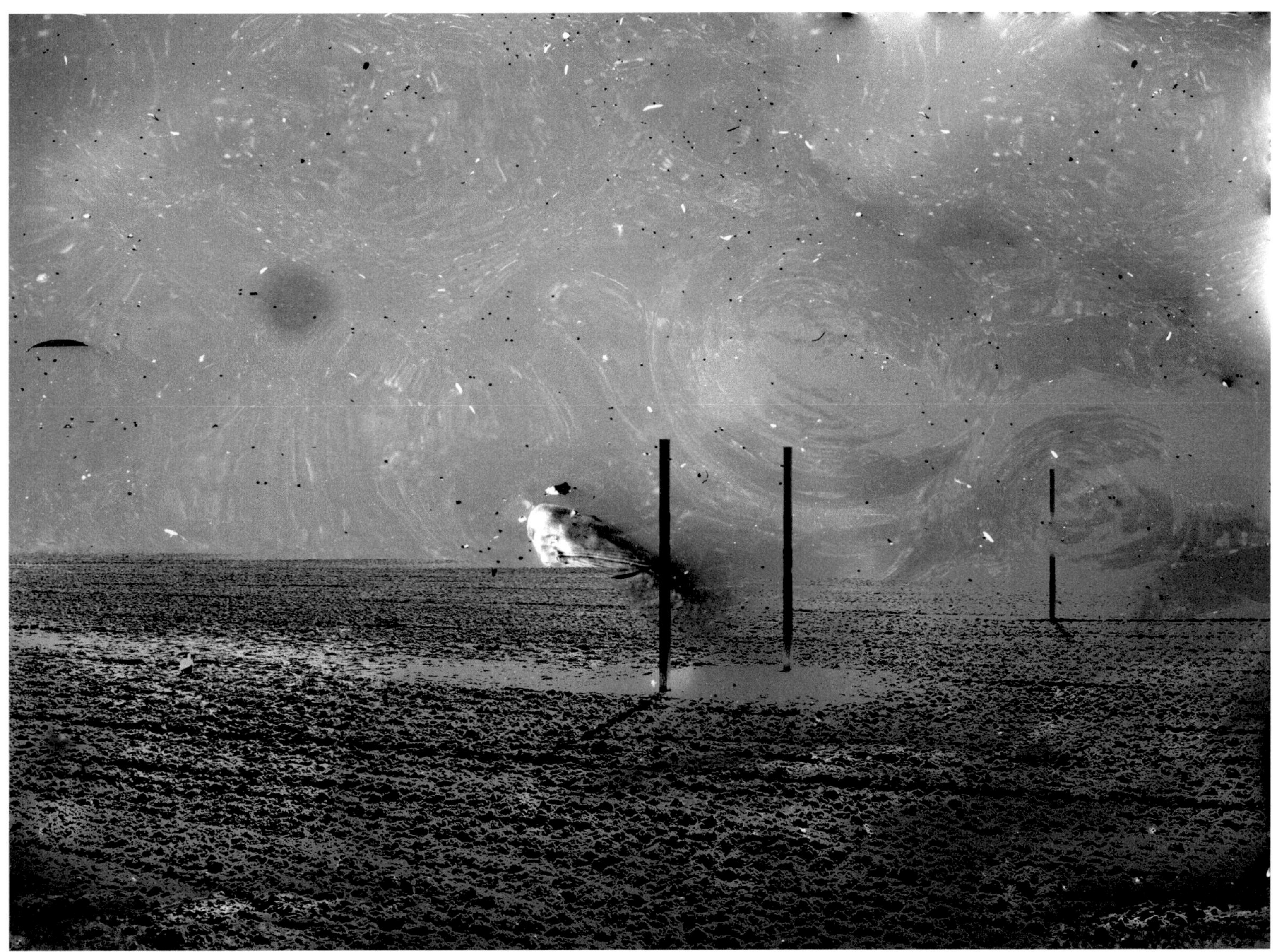

[ 5 ]

Un pentagrama de alambre saja la mirada. La canción de la Historia.

A wire pentagram cuts the gaze. The song of History.

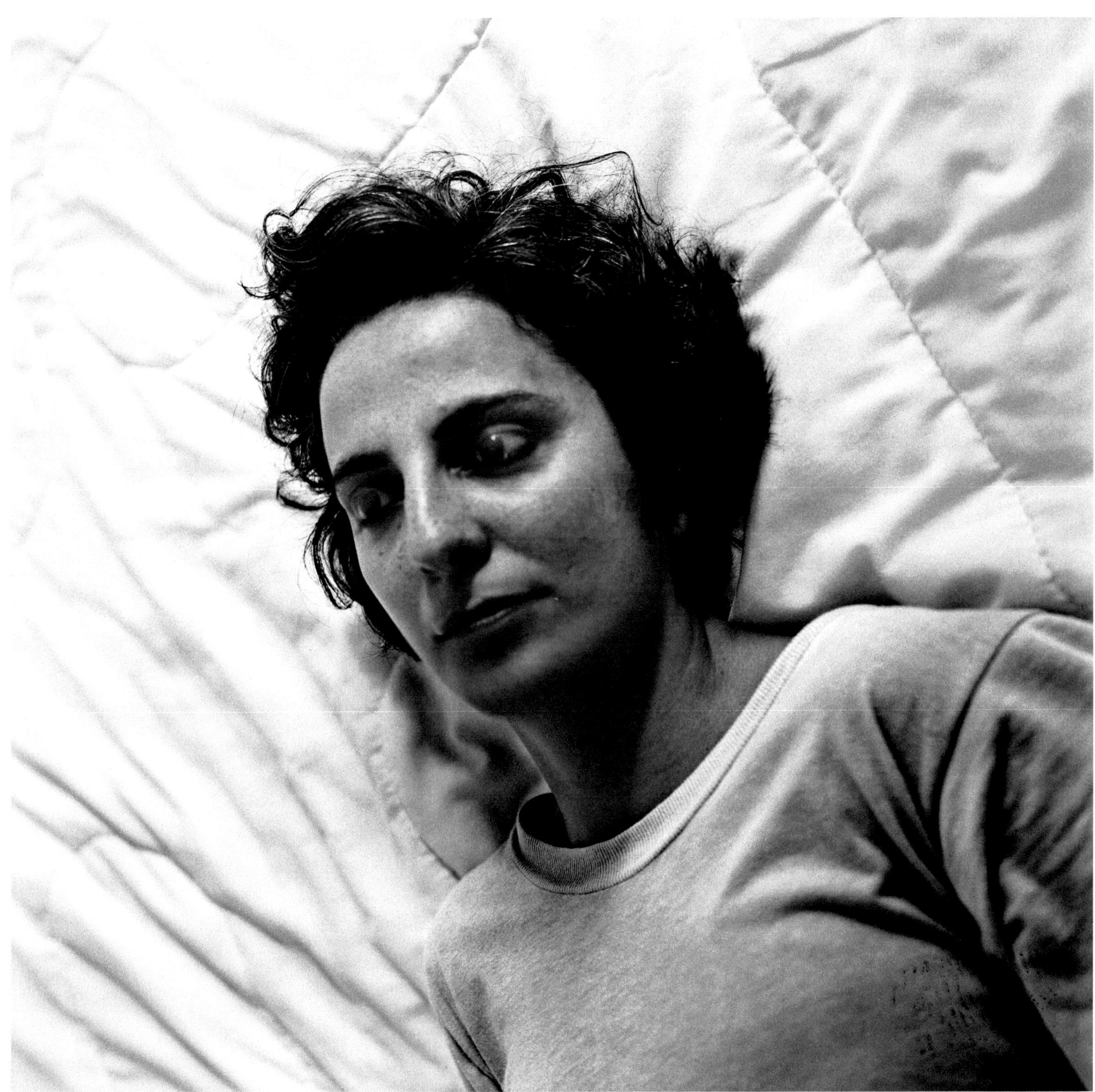

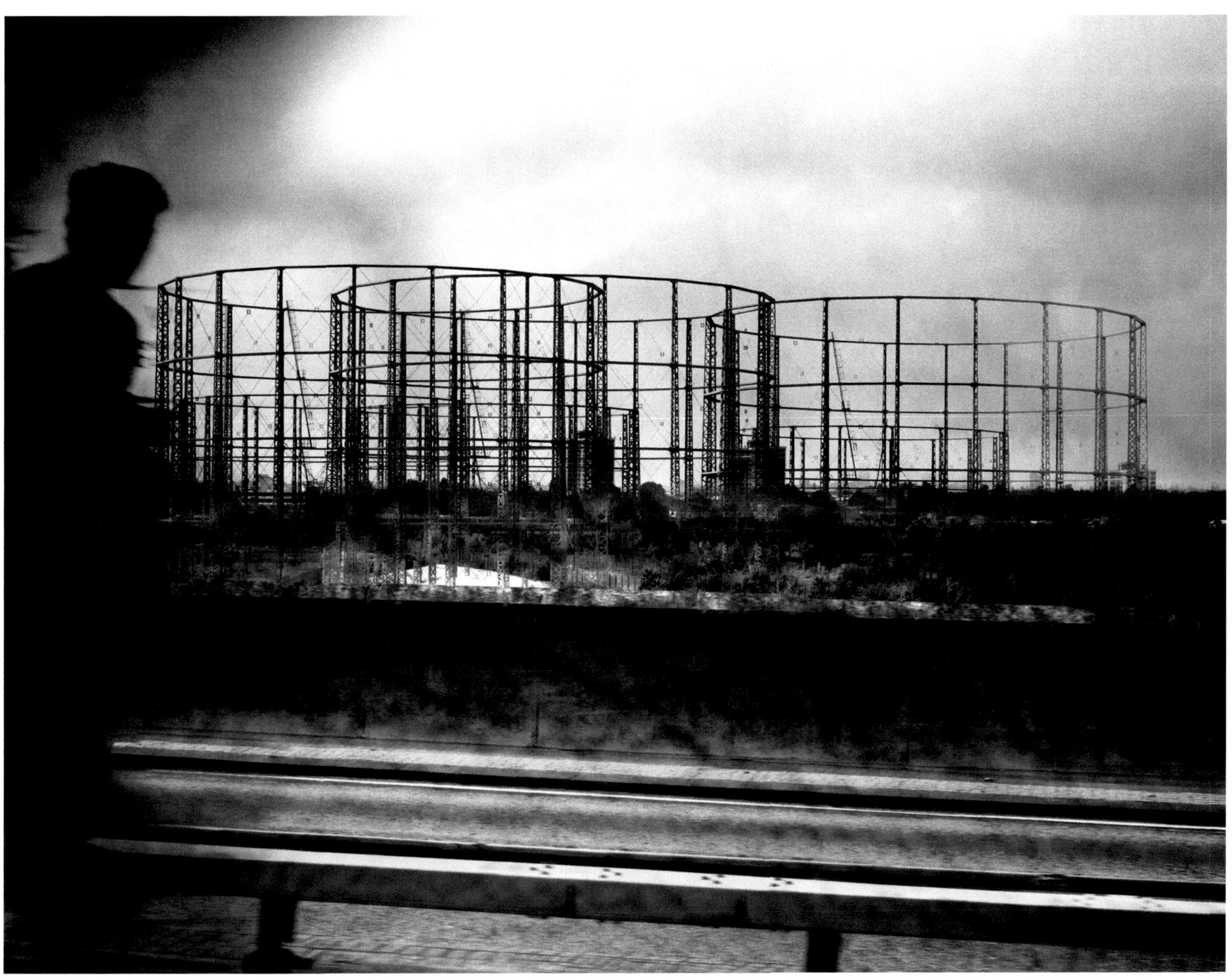

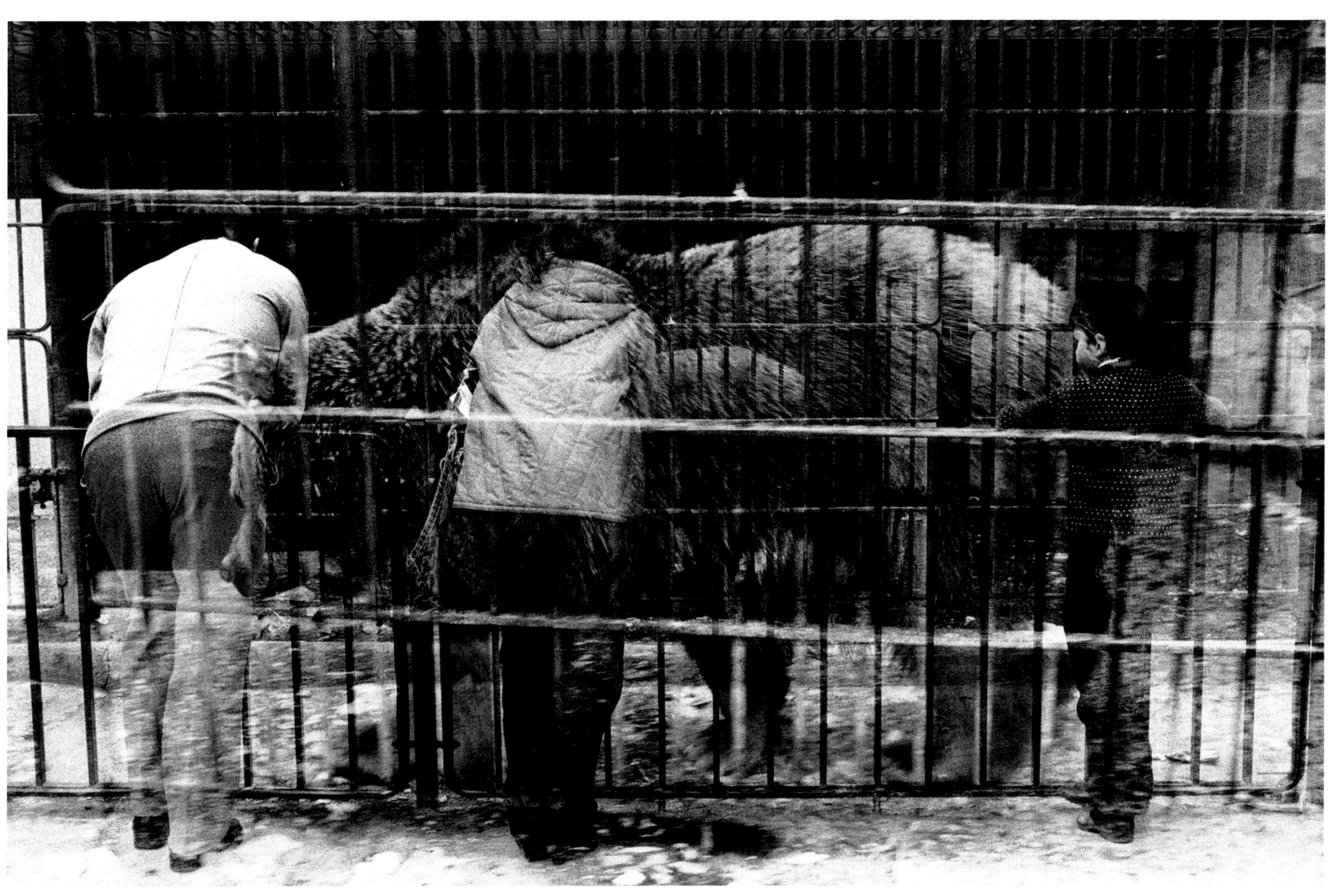

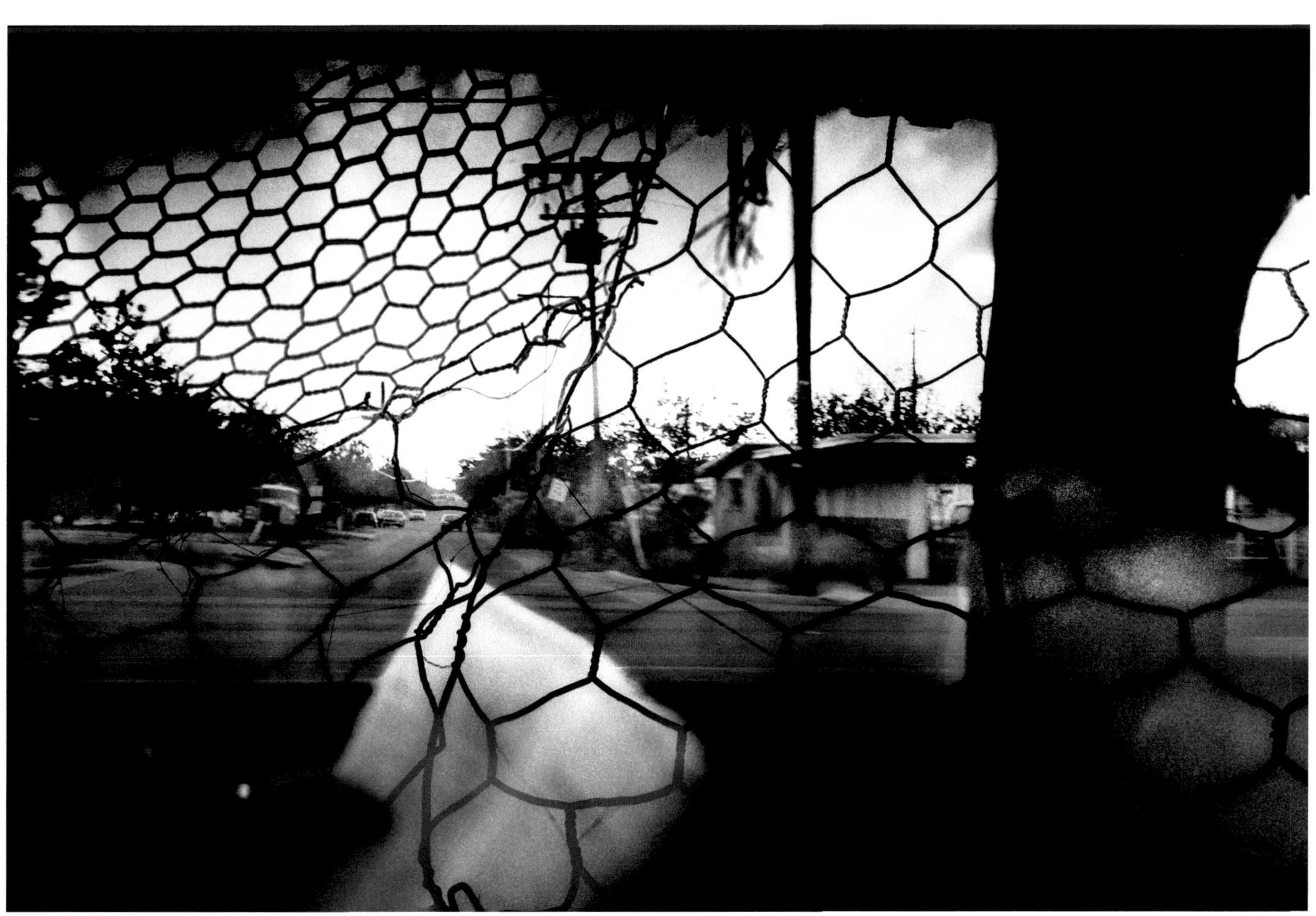

[ 6 ]

Un niño salta la mortaja. Tras cruzar el puente, trajes deshabitados.
El paso peligroso. Más tarde, tu cuerpo será un puente.

A child skips the shroud. After crossing the bridge, uninhabited suits.
*Passage périlleux*. Later, your body will be a bridge.

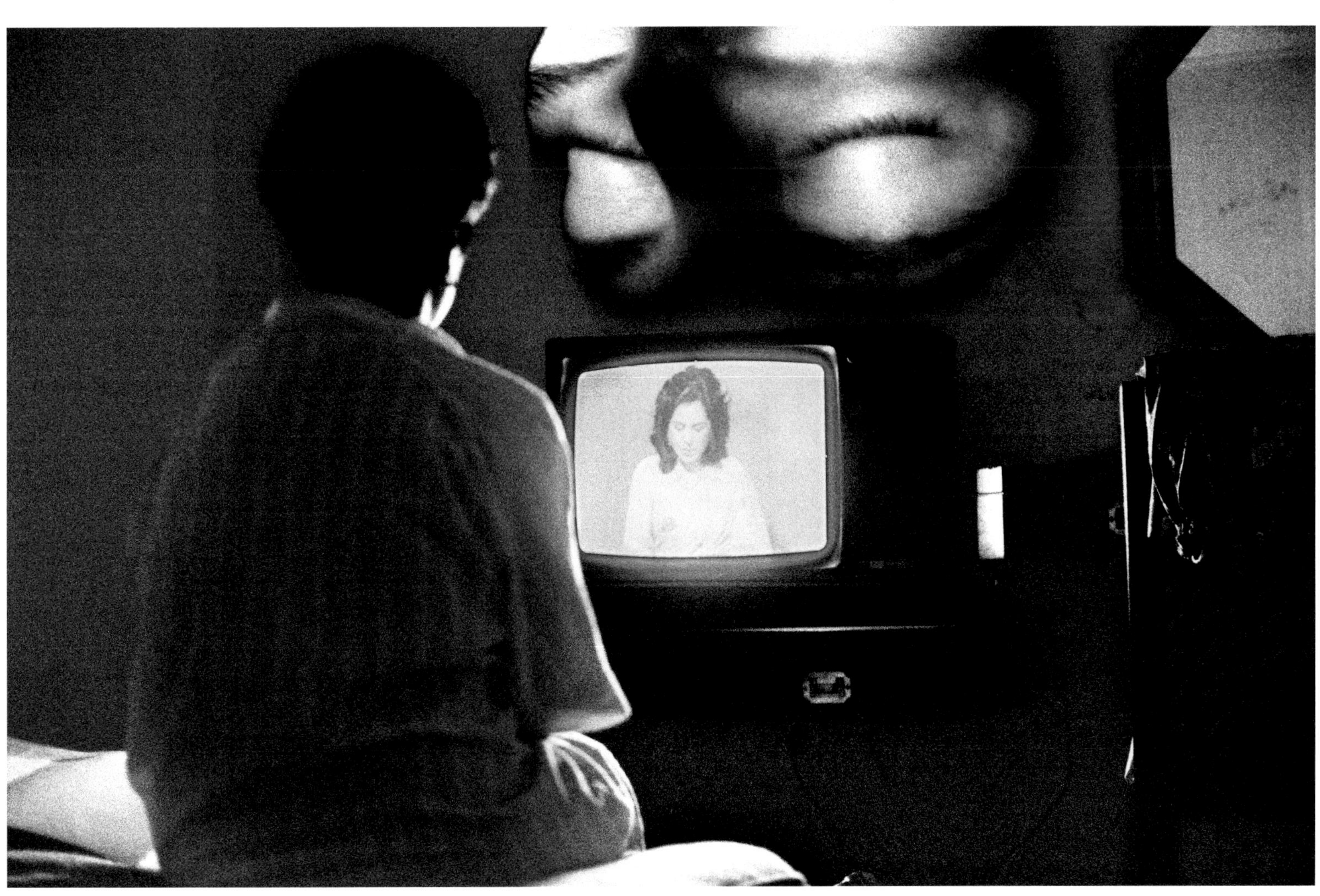

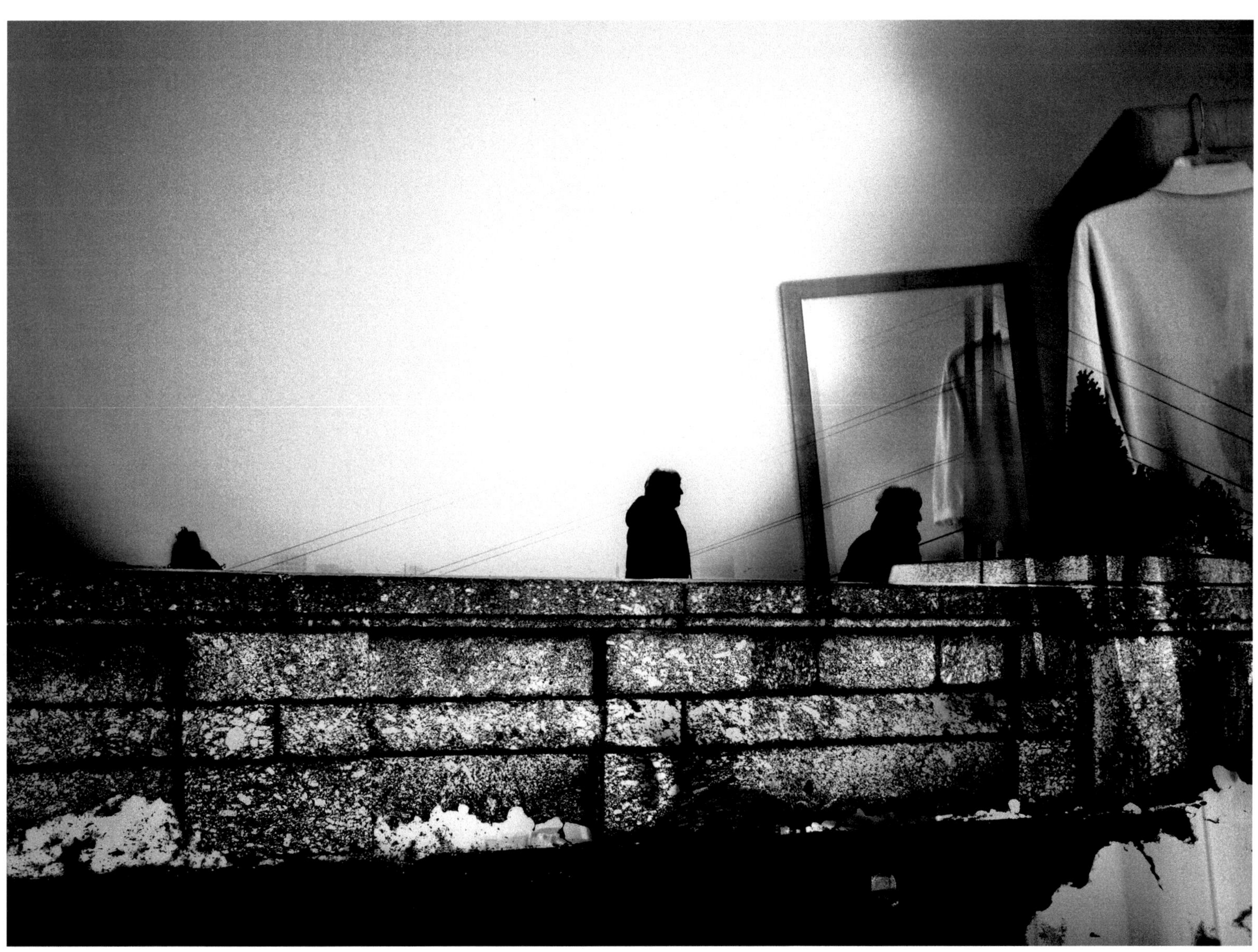

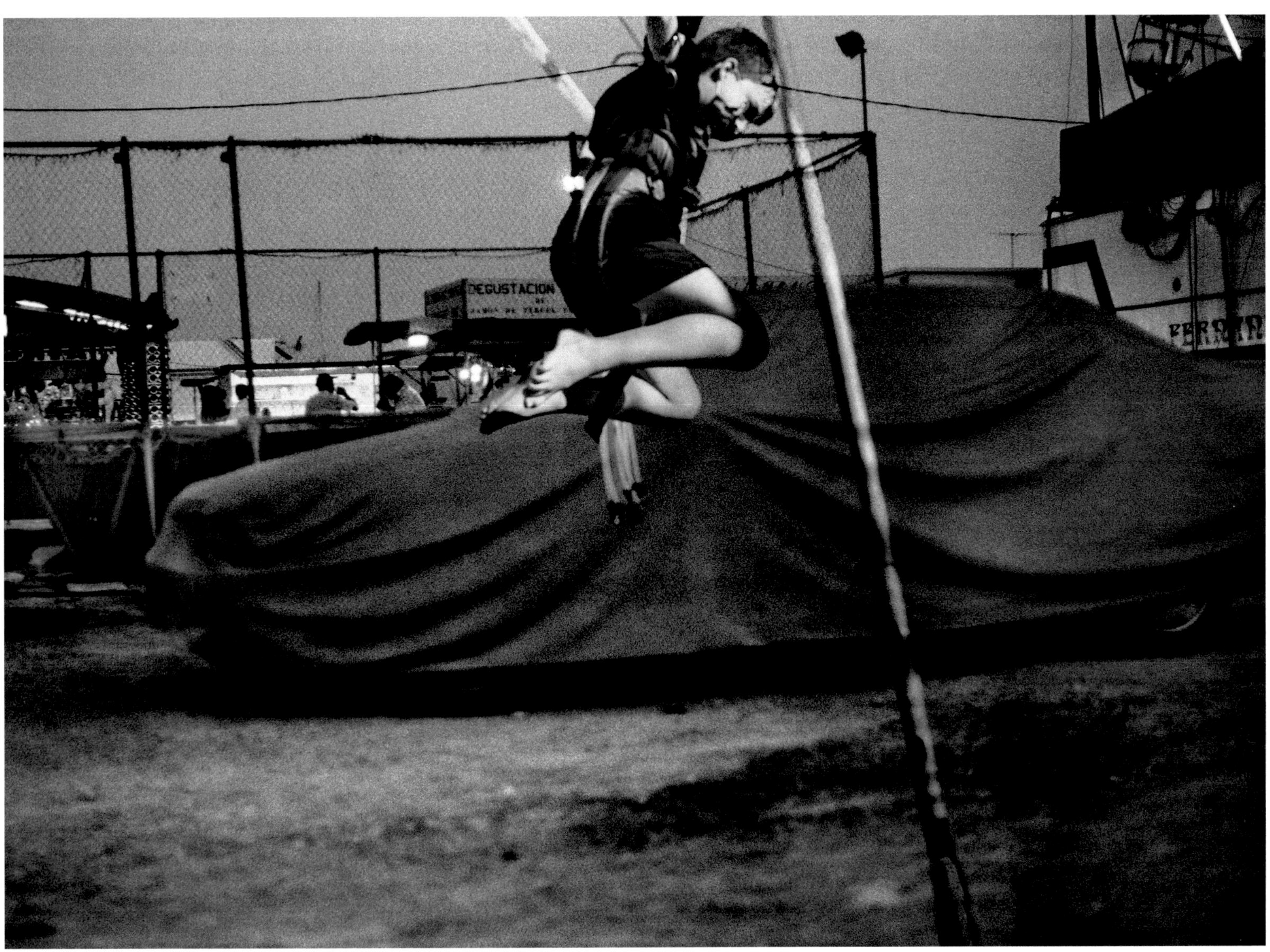
DEGUSTACION

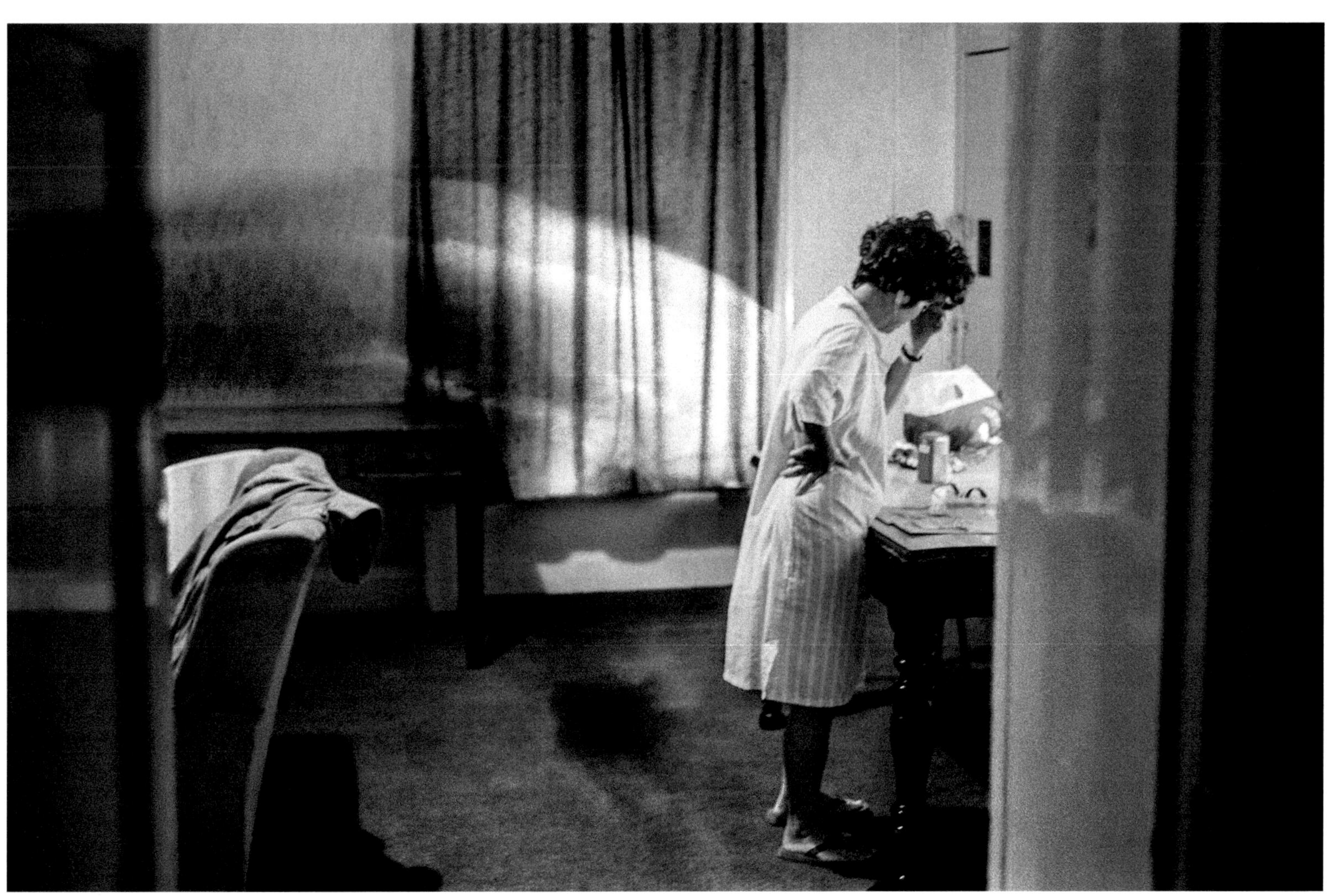

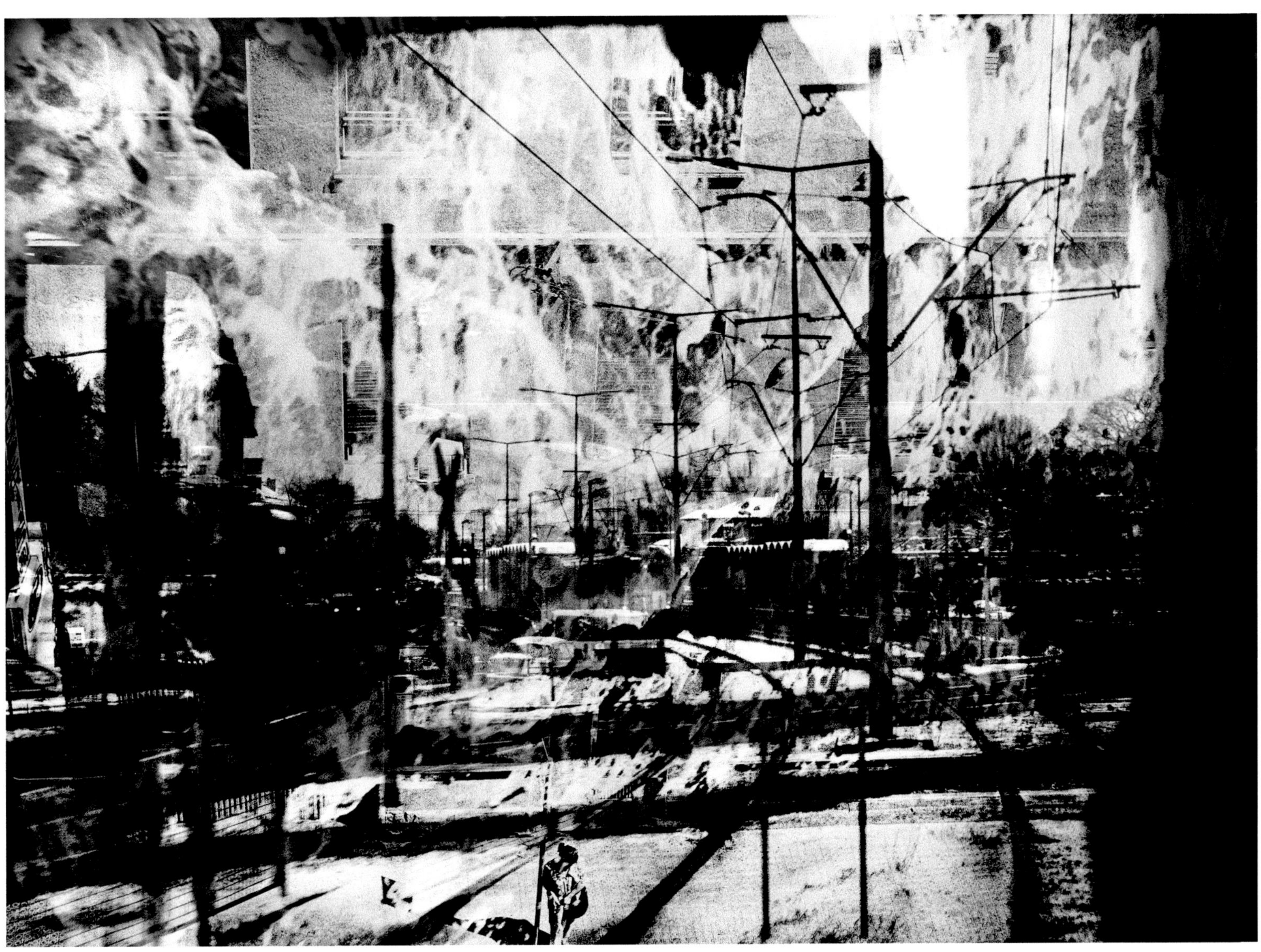

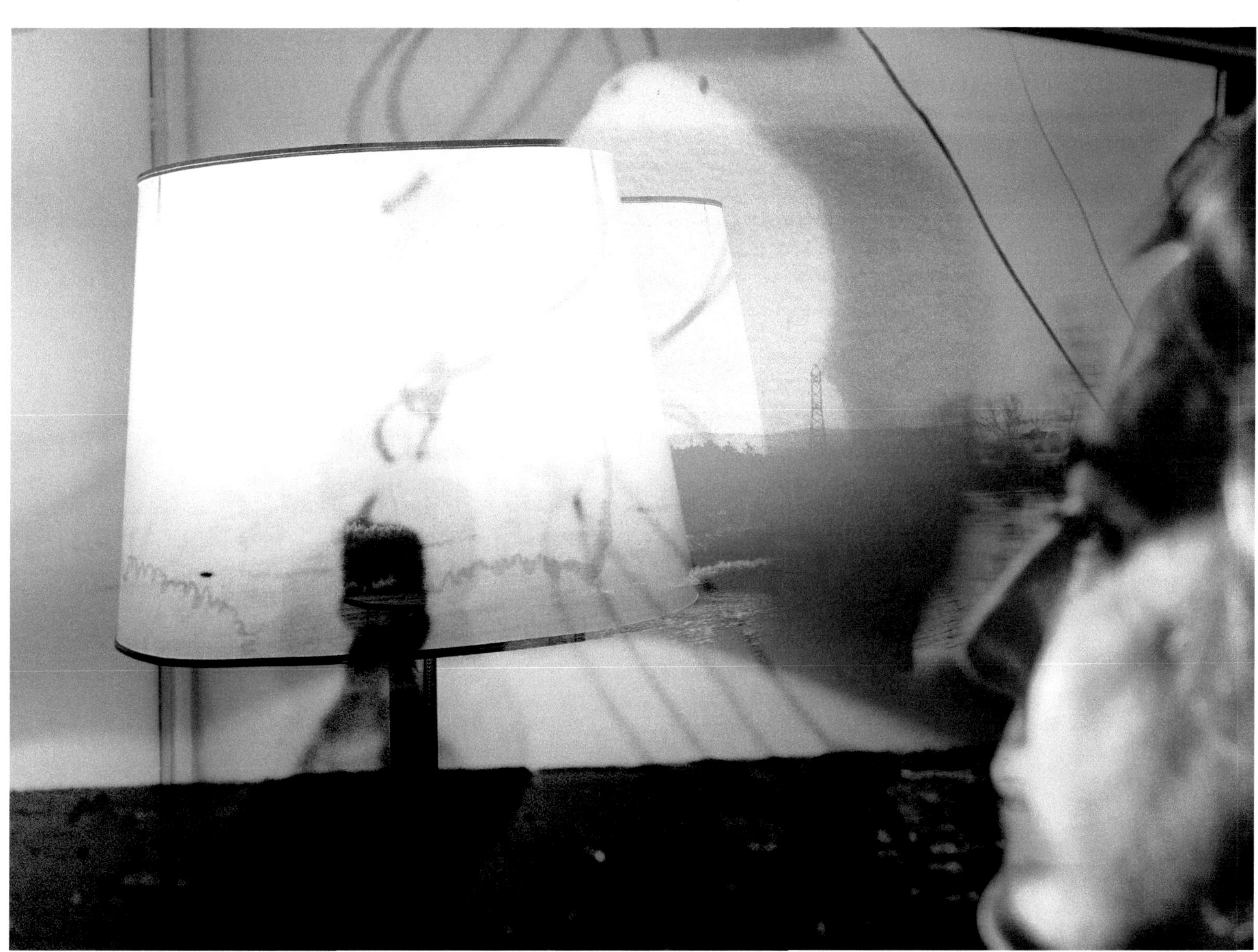

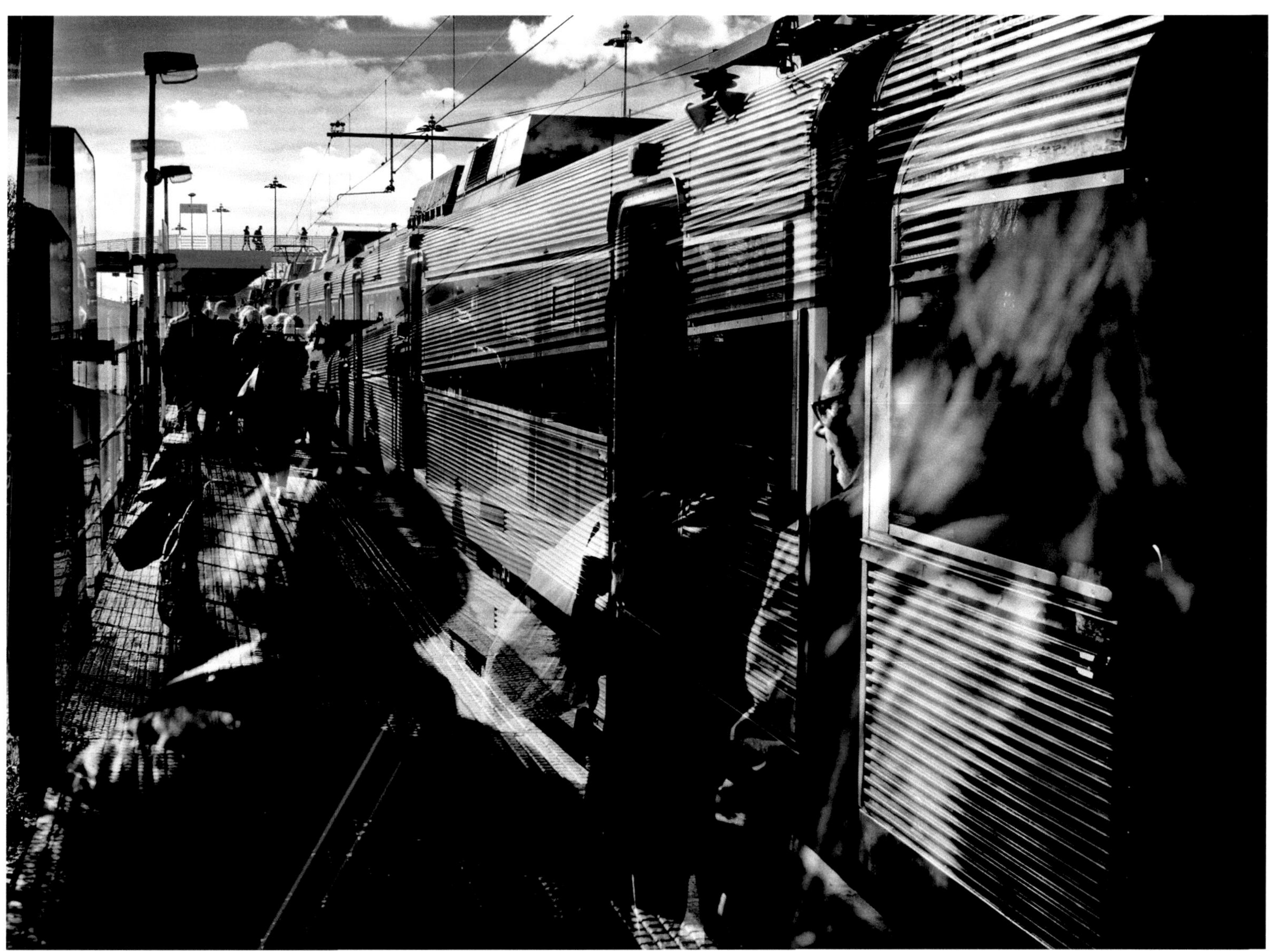

[ 7 ]

A veces se abren agujeros donde me veo o te veo. Su coincidencia con el espejo es accidental.
En una ocasión me senté y lloré, o quizá lloré primero.

Sometimes holes open where I see myself or I see you. Its coincidence with the mirror is accidental.
I once sat and cried, or perhaps cried first.

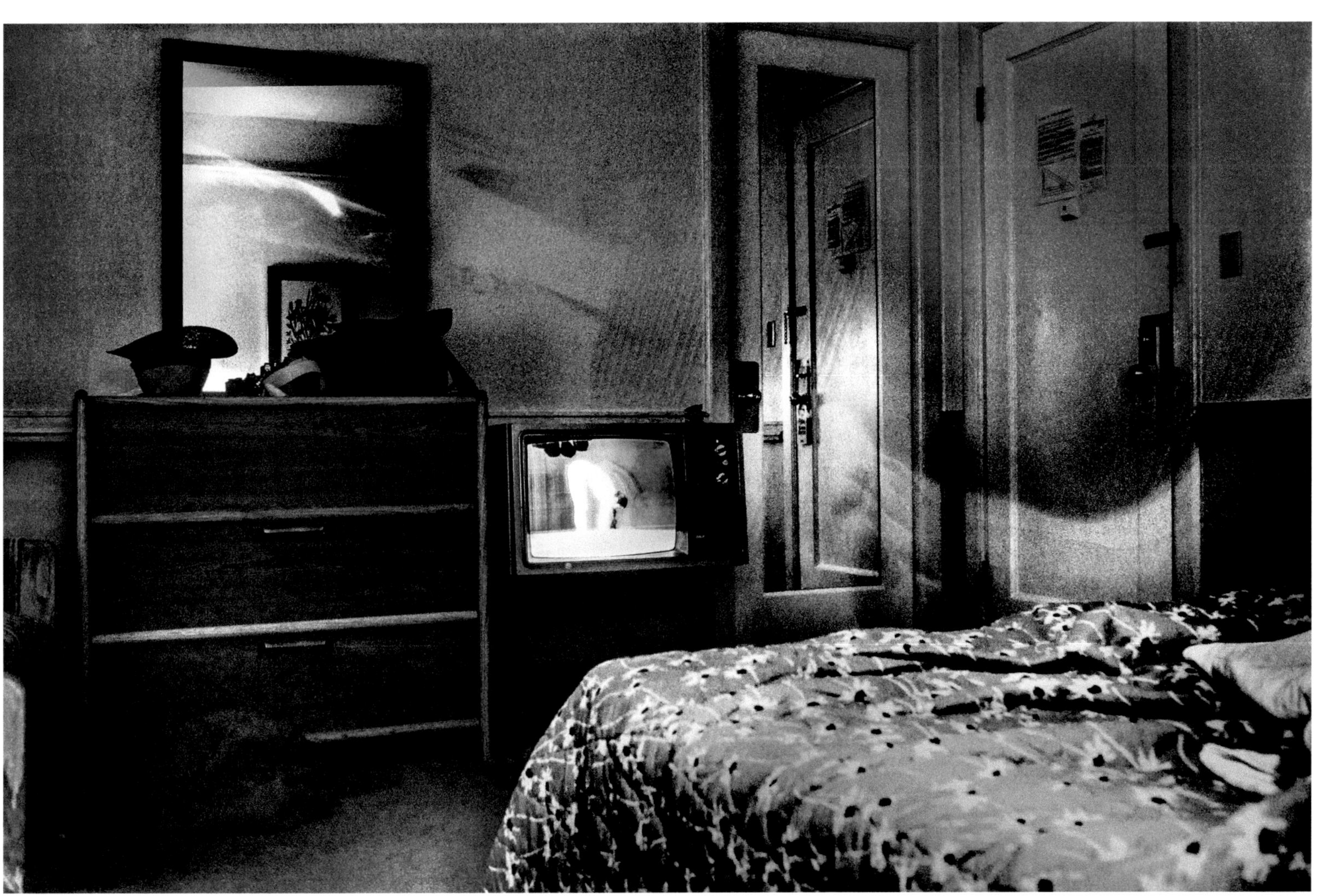

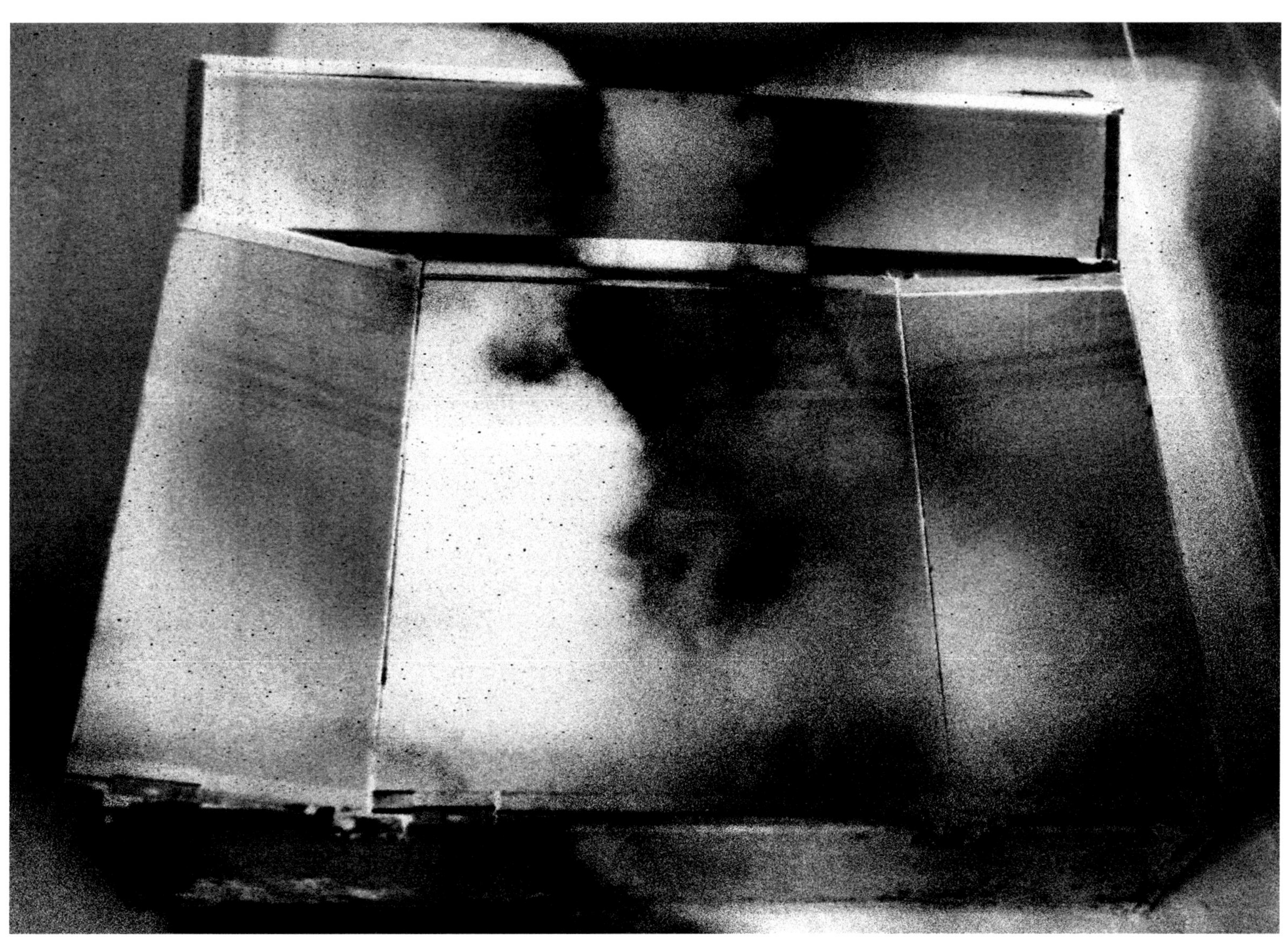

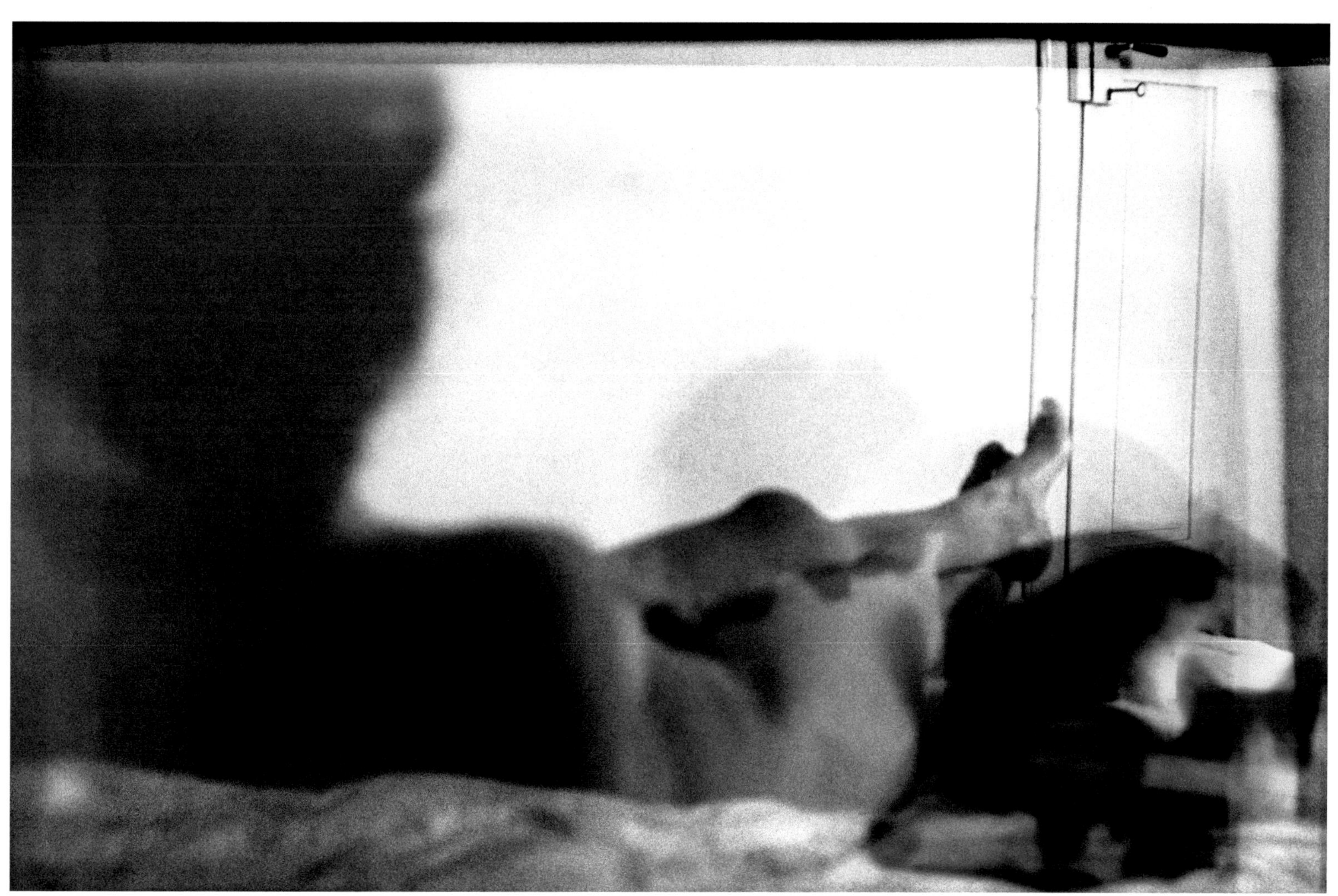

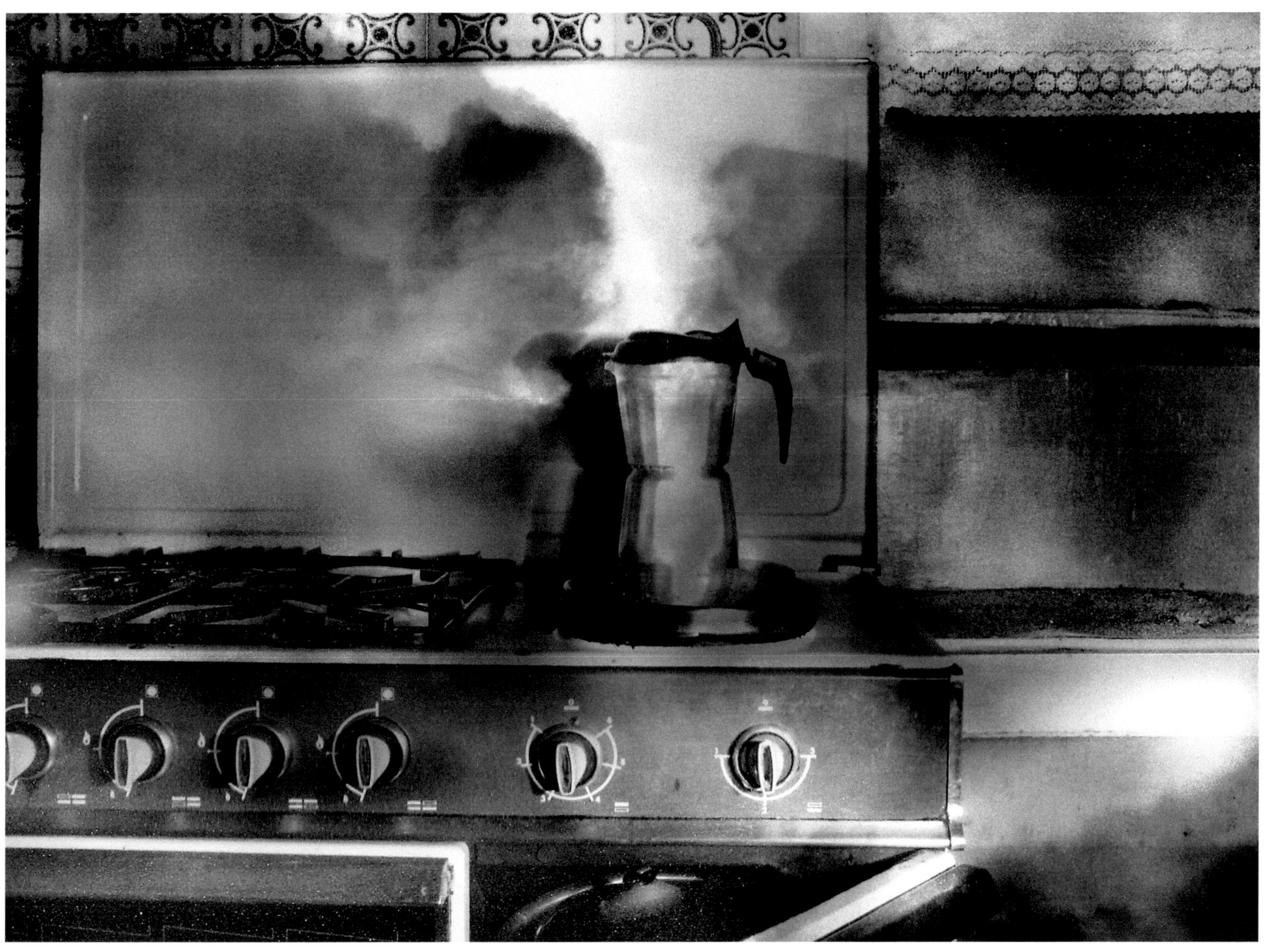

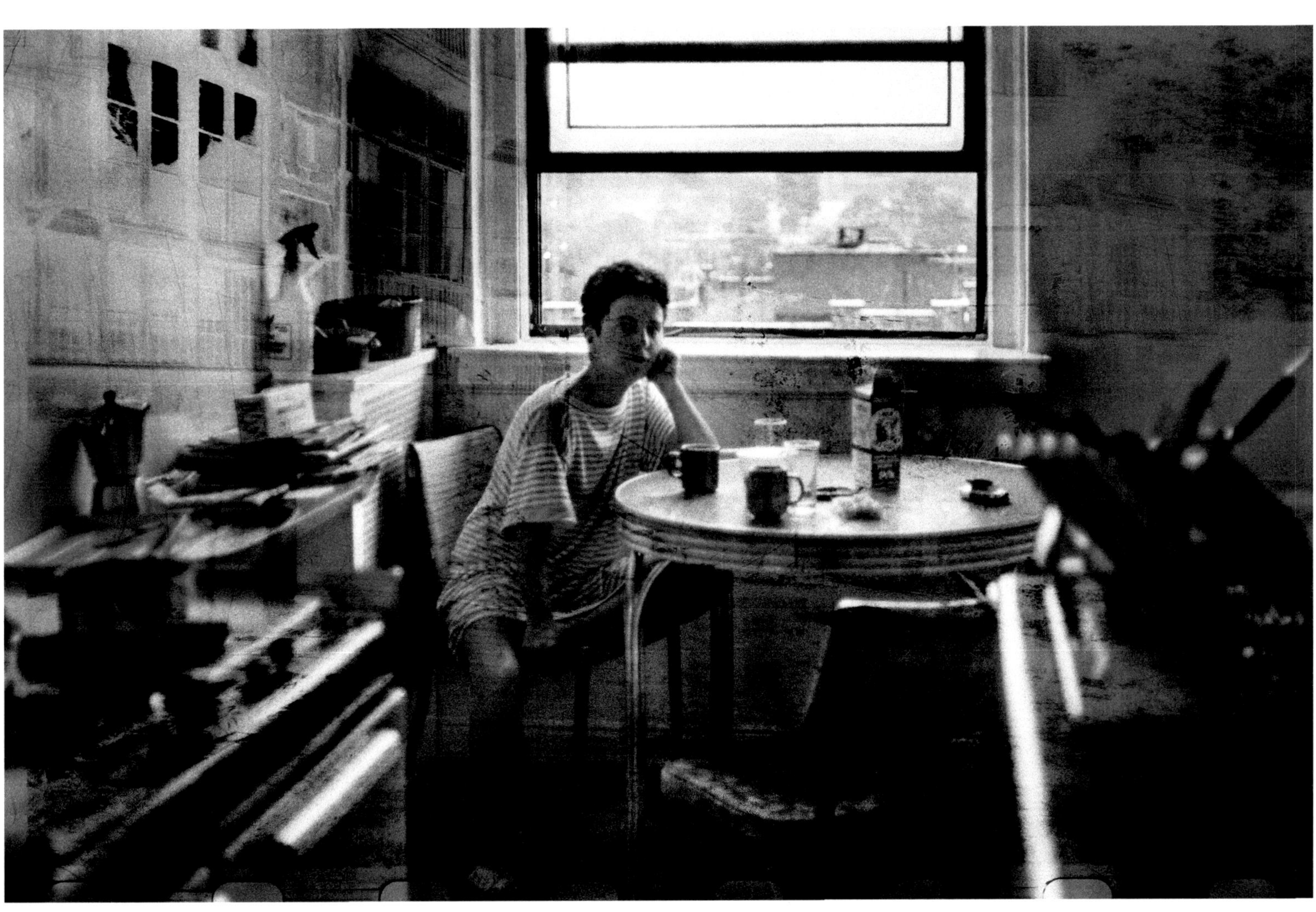

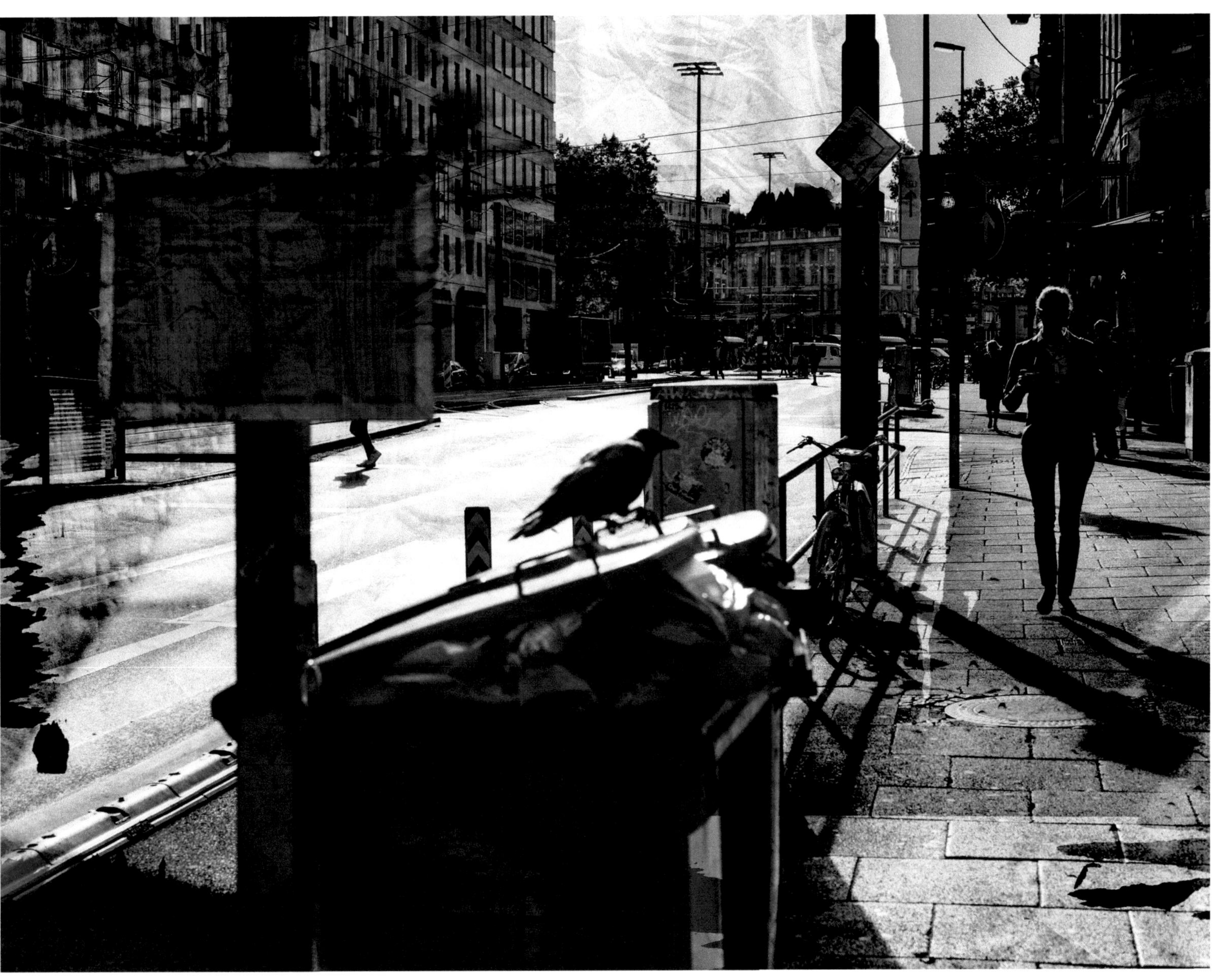

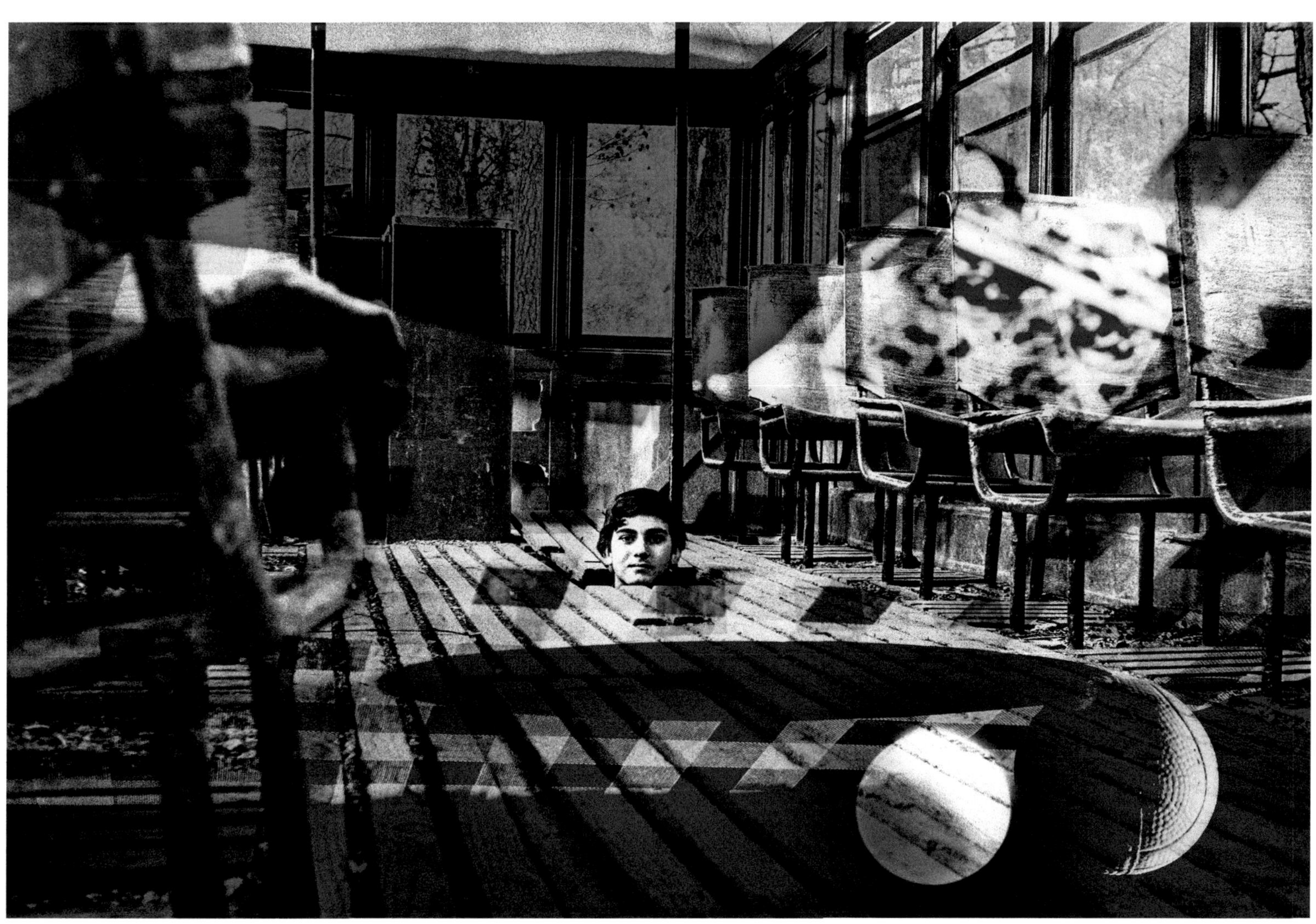

## POSTIMAGEN

**Si todo tiempo es un presente eterno / todo tiempo es irredimible.**

T. S. Eliot

**Cenizas. / Cenizas, cenizas. / […] Ve / hacia el ojo, hacia el húmedo.**

Paul Celan

# con los grados de la ceniza

Mientras estuve realizando las fotografías que componen esta colección me referí a ella con las personas que estaban al tanto como *Sanación*, el título inicial. Indicaba no tanto una significación que las imágenes pudieran traslucir como un deseo: el de que la creación me rescatara de la crisis que me embargaba desde 2019. Nada particularmente original, solo otra de las oscuras señales de una conciencia aguda de la impermanencia que amenazó, no obstante, la convivencia con quien amo. Aquello llegó tras un primer asomo —un descenso, también— a los negativos del pasado, que dio lugar a uno de los bloques de fotografías incluido en mi exposición de 2020 *Talas Atlas*. Allí, en el enfrentamiento de las dos secciones que la conformaban —la de las fotografías surgidas del acercamiento de momentos y lugares distantes y la de aquellas recuperadas "en ese cúmulo aparentemente inmanejable de ruinas al que se enfrenta cualquiera con una dedicación larga al medio"—, busqué articular una mirada dialéctica entre montaje y archivo, como estados de mi propia práctica y como paradigmas contemporáneos.

La confusión que podría atribuirse a ese intento se extiende a la casi totalidad de una vida consciente. Desde 1988, con un breve trabajo seminal, mis fotografías se encaminaron hacia el montaje, y en otras ocasiones he escrito acerca de mi recelo de la ideología y recursos del archivo como modelo dominante. Pero las convicciones extremas son engañosas. Los mejores referentes teóricos del archivo (Warburg, Benjamin, Brecht, Malraux, Berger, entre otros) están inextricablemente ligados al montaje. Lo mismo sucede en los casos que tenía en la mente al componer *Talas Atlas*: el Godard de *Histoire(s) du cinéma*; el trabajo de Robert Frank tras su vuelta a la fotografía, que denota una desconfianza creciente de los planteamientos documentales. Podríamos tal vez pensar en montaje y archivo (a la inversa, mejor) como dos momentos dialécticos que se resuelven en una síntesis variable en cada fase histórica.

Muchos sentimos que los de la creación son los instantes más plenos, kairóticos, que nos es dado vivir. Y sin embargo, he apuntado que el encuentro con las fotografías puede representar una conmoción que nos devuelve a la zozobra de la linealidad temporal sin retorno. La conexión singular que la fotografía guarda con la realidad, la mistificación o el olvido que asedian el registro y la memoria en la vivencia de la iconosfera, inauguran un modo de afrontar lo vivido que apenas tiene que ver ya con la epifanía proustiana. De alguna manera traslada a este ámbito la autocrítica instalada en el arte desde el Romanticismo. Era esta una herida abierta ya cuando, antes del prodigioso esfuerzo de la *Recherche* o de la constatación de Benjamin en *El narrador*, sobrevino la fotografía para suturarla. El pensamiento moderno sobre la nueva técnica comenzó a fraguarse al tiempo que la duda de la capacidad de acceder a la experiencia, y es un contrasentido más de la fotografía que lo que se concibió como prótesis o extensión de nuestros límites devenga un índice de esa contingencia. ¿Es relevante que la empresa de Proust se levante en torno al motivo de los celos (es decir, sobre un delirio a partir de la ausencia del sujeto y de una falsa presencia)?

Llegué a esta certeza, que quizá es verdad, tras un largo recorrido (tomé y revelé las primeras películas a los quince años) durante el cual la fotografía ha constituido una forma principal de conocimiento, intensa y generadora de asombro en muchos tramos, anestesiada y frustrante en otros páramos vitales. Mi generación se acercó a ella en los años setenta, en el momento terminal de una de sus principales historias, aunque entonces no nos percatamos de nada: aún teníamos en el recuerdo situaciones y motivos de la autarquía cultural del país en décadas pasadas (que en algunos configuraron un imaginario) y desembocamos en los ochenta con una sensación de exceso entre las opciones posibles, desde las más propiamente fotográficas —la vuelta a la actualidad del sistema de zonas o de las técnicas antiguas, el modelo del archivo— a aquellas surgidas del uso en otros contextos —como el arte conceptual o la fotografía escenificada—; incluso el color parecía en ese momento algo por descubrir.

En la década siguiente una vuelta al orden fue imponiéndose al tiempo que un canon determinado por un mercado fotográfico consolidado en el campo privado e institucional. No es fútil preguntarse en qué medida las imágenes de aquel catálogo se ajustaban al discurso dominante sobre lo que la fotografía había de ser. En el prólogo de 1980 que abría una conocida antología, el editor señalaba que los ensayos allí recogidos eran pasos hacia *la* teoría de la fotografía que, como tal, todavía no existía. Pero cuando, veinte años después, una mañana fría de enero defendí una tesis sobre los códigos de la fotografía de autor estaba convencido de moverme en ella. Ahora, sin embargo, evoco aquello con escepticismo como una pequeña aportación a un discurso, el de *una* teoría de la fotografía, una más, la que correspondía al final de aquella historia del medio que me había tocado en suerte.

Quienes llegamos a la fotografía en los setenta heredamos las obsesiones de un período marcado por el "deseo ontológico", que tuvo probablemente en *La cámara lúcida* de Roland Barthes su pasaje más influyente. Supongo que muchos hemos compartido el sentimiento (punzante, ¿de qué otro tipo si no?) de que el ensayo de Barthes, tan hermoso, abocaba la práctica de la fotografía a un abismo del sentido al expulsar estas imágenes del paraíso de los signos. *La cámara lúcida* relata el abordaje fenomenológico de unas pocas fotografías —que mantienen entre sí un aire de familia a pesar de su origen diverso— conducido por una mirada entrenada en los significados sociales, pero cansada y sumida en las circunstancias del duelo. Esa mirada podría hallar refugio en el mutismo y desconcierto provocados por las grafías de una lengua desconocida (en unos signos que dejan de serlo, salvo de la ininteligibilidad) o, como aquí, en unos objetos frágiles, tautológicos, que en su condición prístina apenas sirven para algo más que dar fe de vida en el instante de la toma.

De algún modo, los fotógrafos posteriores hemos tenido que medirnos con el escenario que *La cámara lúcida* expresaba. Necesité acercarme a la edad de su autor al escribirlo para sospechar que comprendía el libro de Barthes. No me refiero a la lectura racional de un texto utilizado y explicado hasta la saciedad, sino a la agitación que acompaña a menudo el conocimiento auténtico. Experimenté algo semejante la tarde de una primavera convulsa en que, con una sorpresa próxima al vértigo, creí entender *literalmente* los primeros versos de *La tierra baldía*. "Del saber —escribe Byung-Chul Han con un registro muy barthesiano él mismo— es propia también una negatividad, en la medida en que, no rara vez, tiene que conquistarse luchando contra una resistencia". En su límite más perturbador la idea común de ese proceso como enriquecimiento es falsa; se sale de la revelación herido, como si la lucidez consistiese más en la poda de antiguas certidumbres que en la adquisición de otras nuevas. Desde el vínculo occidental entre el ser y tener (o la presencia), la conclusión de ese empobrecimiento es un vaciamiento del yo. La angustia que entonces nos penetra es su último reducto para afirmarse.

La fotografía contemporánea ha asumido esa desposesión y ha hecho un uso creativo de la enajenación que aquellas teorías hacían de su autonomía para generar sentido, sujeta a la arbitrariedad del observador, y de la paradoja de que, consumidas como un documento verdadero de la realidad visible, las fotografías manifiesten por su misma exactitud y de manera azarosa aspectos ignorados de ella ligados a lo surreal o lo siniestro. También de que frente a la opinión ordinaria, que adivina en aquel registro neutral la existencia de un sentido preexistente, presemiótico, su ambigüedad descubre el sinsentido de lo real. En las fotografías mostradas aquí podría advertirse el intento de orientar ese rasgo en el trabajo sobre el ruido de las imágenes originado durante el montaje y en el proceso de discriminación e indiferencia operado sobre las tomas individuales, que me expliqué como dialéctico. Y quizá este adjetivo repetido varias veces ya sea en sí una pista para llegar al objeto, habida cuenta de que "decir: la vigilia contra el sueño era ya reingresar en la dialéctica, era corroborar una vez más que no había la más remota esperanza de unidad", y disponer así de las fotografías no sea sino tender cordeles con que atrapar el sentido huido o simplemente dar forma al laberinto.

Mi propuesta, para finalizar estas notas, es encontrar en el interior mismo del mecanismo del montaje aquella mirada dialéctica que ensayé en la muestra de 2020 como una forma de redención de la condena que reduce las fotografías a una suerte de *ars moriendi*. Así, la estructura de capas (salta a la vista en la edición digital) reproduce la fusión de tiempos y espacios que se da en el recuerdo —el único acceso, creo, a aquella unidad perseguida y que tanto tiempo sirvió de subterfugio a la estética, unidad ya no subyacente o desvelada, sino construida en cada existencia individual— como un proceso menos fortuito y liberador que la revelación experimentada por el narrador de Proust. Si esta sucede, requiere casi un ejercicio de recomposición de la atención fragmentada que define al sujeto moderno. El montaje, algunos usos del mismo pueden constituir un lugar donde emerge o se construye el sentido de lo vivido, pero las fotografías que condensan lo disperso para alumbrar la experiencia contienen los matices de la ceniza del pasado calcinado en cada uno de sus estratos.

Puede reconocerse una tematización de aquel ideal fantasmático en las fotografías que abren la exposición (en la oposición ascenso/descenso y en las que la luz, la fijeza y sus antónimos, o los objetos representados despierten), y en la irrupción que la cierra, desde la hoguera de la juventud perdida, de mi amigo José Pablo-Enkidu. En las secuencias interiores el doble, el viaje (que es también un regreso), la mirada adentro, los postes del dolor y el tiovivo, los ángeles, el fuego y el agua, la pasión, el hombre solo, el espejo y la *mise en abyme* —uno por otro— tuvieron rostros y nombres. En este vaivén entre la realidad vivida y la extendida me resulta verosímil la dimensión visionaria del arte.

Los versos de Eliot pertenecen a la primera sección de *Cuatro cuartetos* (1943) y los de Celan al poema "Stretto" ("Engführung", 1958). *Talas Atlas* se expuso en la Galería A del Arte de Zaragoza en enero-febrero de 2020. Este texto dialoga con el que entonces escribí para la hoja de sala (que todavía puede consultarse en http://www.adelarte.es/Talas_Atlas.html) y con el que, posterior a la primera versión de este de ahora, preparé para la exposición *Historia natural 2024* en Graus y Oporto. En *El surrealismo. La última instantánea de la inteligencia europea* (1929), Walter Benjamin escribió sobre la óptica dialéctica "que presenta lo cotidiano en su condición de impenetrable, y lo impenetrable en su condición de cotidiano"; en el escrito mencionado para *Historia natural 2024* examiné ese concepto que —desde Lukács, Benjamin y tal vez el propio Ernst— desarrolla Adorno como un avance de la dialéctica negativa y previene la inclinación sedante a establecer categorías. La antología aludida es la preparada por Victor Burgin, *Thinking Photography* (1982). La cita de Han está extraída de *La salvación de lo bello* (2015). Al final de *Rayuela* (1963) de Julio Cortázar: "decir: la vigilia contra el sueño, etc.", piolines. Guy Debord, *In girum imus nocte et consumimur igni* (1978): "la juventud perdida". En el *Poema de Gilgamesh*, el regreso de Enkidu desde el inframundo.

## AFTERIMAGE

**If all time is eternally present / All time is unredeemable.**

T. S. Eliot

**Asche. / Asche, Asche. / [...] Zum / Aug geh, zum feuchten.**

Paul Celan

# With the degrees of ash

While I was making the pictures of this collection I used to talk about it with the people around as *Healing*, and that was the initial title. It showed a desire more than the meaning that images could give: the hope that I were rescued by means of creativity from the crisis I was in since 2019. Nothing particularly original, only another dark signal of a deep conscience of the impermanence that nevertheless threatened the cohabitation with the one I love. That nightmare came after a first glimpse —also a descent— to the photographic negatives of the past that gave way to one of the blocks of pictures included in my 2020 exhibition called *Talas Atlas*. There, in the confrontation of the two sections that made it —those pictures related with the close up of faraway moments and places and those recovered "in the heap of ruins difficult to handle you have to face when you spend a long time to the media"— I tried to articulate a dialectic view between photographic montage and archive, like stages of my own management and like contemporary paradigms.

The confusion attributed to that experience spreads to the total conscience life. Since 1988, from a short seminal work, my pictures were mostly montage, and other times I have written about my distrust of ideology and resources of archive like mainstream model. But extreme beliefs are misleading. The best theoretical referents of archive (Warburg, Benjamin, Brecht, Malraux, Berger, among others) are inextricably linked to montage. The same happens in the cases I had in mind when I made *Talas Atlas*: Godard of *Histoire(s) du cinéma*; Robert Frank's work after his coming back to photography, which shows a rising mistrust of documentary approaches. We could even think of montage and archive (better the other way round) like two dialectic moments that are resolved in a variable synthesis in each historical phase.

Many of us feel that the instants of creation are the fullest moments, kairotic, we could ever live. However, I said that facing photographs could represent a commotion that leads us to the anxiety of temporal linearity with no return. The singular connection that photography has with reality, the mystification or oblivion that besieges the record and memory in the experience of the iconosphere, inaugurate a way to face what we have lived that hardly has something to do with the epiphany of Proust. In some way, it transfers to this area the self-criticism installed in art since Romanticism. That was an already open wound when, before the incredible effort of *la Recherche* or the finding of Benjamin in *The Storyteller*, photography came to suture it. The modern thinking about the new technic started at the same time we doubted about the capacity to access the experience, what was thought as an extension of our limits becomes an index of that contingency, and this is another contradiction of photography. Is it relevant that Proust's undertaking rises up around the reason for jealousy (I mean, about a delirium based on the absence of the subject and a false presence)?

I came to this certainty, that perhaps is true, after a long journey (I took and developed the first films at the age of fifteen) in which photography has been the main form of knowledge, intense and astonishing in many sections, anesthetized and frustrating in other vital wastelands. My generation approached photography in the seventies, at the terminal moment of one of its main stories, although then we did not notice anything: we still had in our memory situations and reasons for the cultural autarky of the country in past decades (in some of us configured an imaginary) and we ended up in the eighties with a feeling of excess among the possible options, from the most properly photographic —the return of the zone system or of the old techniques, the model of the archive— to those arising from the use in other contexts —such as concept art or staged photography —; even color seemed at that moment something to be discovered.

In the following decade, a return to order was imposed. at the same time as a canon determined by a consolidated photographic market in the private and institutional field. It is not futile to ask to what extent the images in that catalogue conformed to the dominant discourse on what photography should be. In the 1980 prologue that opened a well-known anthology, the editor pointed out that the essays collected there were steps towards *the* theory of photography which, as such, did not yet exist. But twenty years later, when on a cold January morning, I defended a thesis on the codes of author photography, I was convinced that I was moving in it. However, now I evoke that with skepticism as a small contribution to a discourse, that of *a* theory of photography, another one, the one that corresponded to the end of that means story that had fallen to my lot.

Those of us who came to photography in the seventies inherited the obsessions of a period marked by the "ontological desire", which probably had its most influential passage in Roland Barthes's *Camera Lucida: Reflections on Photography*. I guess many of us have shared the sharp feeling that Barthes's essay, so beautiful, led the practice of photography into an abyss of meaning by expelling these images from the paradise of signs. *Camera Lucida* recounts the phenomenological approach of a few photographs —which maintain a family air among themselves despite their diverse origins— led by a gaze trained in social meanings, but tired and immersed in the circumstances of mourning. That gaze could find refuge in the silence and bewilderment caused by the spellings of an unknown language (in signs that cease to be signs, except for unintelligibility) or, like here, in fragile objects, tautological, which in their pristine condition are hardly useful for anything more than attesting to life at the moment of the take.

Somehow, we later photographers have had to measure ourselves against the scenario that *Camera Lucida* expressed. I needed to approach the age of its author when writing it to suspect that I understood Barthes's book. I am not referring to the rational reading of a text used and explained *ad nauseam*, but to the agitation that often accompanies authentic knowledge. I experienced something similar on the afternoon of a tumultuous spring when, with a surprise close to vertigo, I thought I understood *literally* the first verses of *The Waste Land*. "Knowledge is also a negativity of its own, insofar as it often has to be conquered by fighting against resistance" says Byung-Chul Han with a very Barthesian register himself. At its most disturbing limit, the common idea of this process as enrichment is false; you come out of the revelation wounded, as if lucidity consisted more in the pruning of old certainties than in the acquisition of new ones. From the Western link between being and having (or presence), the conclusion of this impoverishment is an emptying of the ego. The anguish that then penetrates us is the last stronghold to affirm ourselves.

Contemporary photography has assumed this dispossession and it has made creative use of the alienation that those theories made of their autonomy to generate meaning, tied to the arbitrariness of the observer, and to the paradox that, consumed as a true document of visible reality, photographs manifest by their very accuracy and in a random way unknown aspects of it linked to the surreal or the uncanny. Contrary to ordinary opinion, which guesses in that neutral register the existence of a pre-existing, pre-semiotic meaning, its ambiguity reveals the nonsense of the real. In the photographs shown here, one could see the attempt to orient this feature in the work on the noise of the images originated during the montage and in the process of discrimination and indifference that took place on individual takeovers, that I explained myself as a dialectical one. And perhaps this adjective repeated several times in this writing is in itself a clue to reach the object, given that "to say: wakefulness against sleep was already to re-enter dialectics, was to corroborate once again that there was not the remotest hope of unity", and having the photographs this way is nothing more than laying cords with which to catch the escaped meaning or simply to give shape to the labyrinth.

To conclude these notes, my proposal is to find within the very mechanism of the montage the dialectical gaze that I rehearsed in the 2020 exhibition as a form of redemption from the condemnation that reduces the photographs to a kind of *ars moriendi*. Thus, the structure of layers (it is obvious in the digital edition) reproduces the fusion of times and spaces that occurs in memory —the only access, I believe, to that unity pursued and which for so long served as a subterfuge to aesthetics, unity no longer underlying or unveiled, but built in each individual existence— as a less fortuitous and liberating process than the revelation experienced by Proust's narrator. If this unity happens, it requires almost an exercise in recomposing the fragmented attention that defines the modern subject. Some uses of montage can constitute a place where the meaning of what has been experienced emerges or is constructed, but the photographs that condense the dispersed to illuminate the experience contain the nuances of the ash of the past burned in each of its strata.

A thematization of that phantasmatic ideal can be recognized in the photographs that open the exhibition (in the opposition ascent/descent and in which light, stillness and its antonyms, or the objects represented awaken), and in the irruption that closes it, from the bonfire of lost youth, by my friend José Pablo-Enkidu. In the interior sequences the *doppelgänger*, the journey (which is also a return), the look inside, the pain posts and the carousel, the angels, the fire and the water, the passion, the man alone, the mirror and the *mise en abyme* —one for the other— they all had faces and names. In this to-and-fro between lived and extended reality, the visionary dimension of art is plausible to me.

Eliot's verses belong to the first section of *Four Quartets* (1943) and Celan's to the poem "*Engführung*" (1958). *Talas Atlas* was exhibited at the A del Arte Gallery in Zaragoza in January-February 2020. This text dialogues with the one I wrote for the room sheet at the time (which is still available on http://www.adelarte.es/Talas_Atlas.html) and with which, after the first version of this one, I prepared for the exhibition *Natural History 2024* in Graus and Porto. In *Surrealism: The Last Snapshot of the European Intelligentsia* (1929), Walter Benjamin wrote about the dialectical perspective "that presents the everyday in its condition of impenetrable, and the impenetrable in its condition of everyday"; in the aforementioned writing for *Natural History 2024* I examined that concept that —from Lukács, Benjamin and perhaps Max Ernst himself— Adorno develops as an advance of the negative dialectic and prevents the sedative inclination to establish categories. The anthology referred to is the one prepared by Victor Burgin, *Thinking Photography* (1982). Han's quote is taken from *Saving Beauty* (2015). At the end of Julio Cortázar's *Hopscotch [Rayuela]* (1963): "to say: wakefulness against sleep, etc.", threads. Guy Debord, *In girum imus nocte et consumimur igni* [We go around at night and are consumed by fire] (1978): "the lost youth". In *The Epic of Gilgamesh*, Enkidu's return from the underworld.

La mayor parte de las fotografías se compuso entre 2019 y 2023. Como en mi trabajo de los últimos años, los negativos del pasado se funden con las imágenes más recientes. Responden a la idea de la fotografía —y del montaje como procedimiento— explicada en el texto anterior. Es un proceso que a menudo se extiende en el tiempo desde el esbozo inicial e induce a la espera y el hallazgo.

Todas las fotografías son impresiones por inyección de tinta pigmentada sobre papel de algodón realizadas por el autor. Las medidas de las imágenes son variables (el exterior es de 610 x 900 mm aprox. en todas ellas).

Most of the photographs were made between 2019 and 2023. As in my work of the last few years, the negatives of the past merge with the most recent images. They respond to the idea of photography —and of montage as a procedure— explained in the previous text. It is a process that often extends over time from the initial outline and leads to waiting and trouvaille.

All the photographs are archival digital pigment ink prints on cotton rag paper. The dimensions of the images are variable (the exterior is approximately 610 x 900 mm in all of them).

**Antonio Uriel.** ***Con los grados de la ceniza***

**IAACC PABLO SERRANO**

**julio - septiembre - 2025**

**Tomasa Hernández Martín**
Consejera de Educación, Cultura y Deporte

**Pedro Olloqui Burillo**
Director General de Cultura

**Fernando Sarría Ramírez**
Jefe de Servicio de Archivos, Museos y Bibliotecas

**Susana Spadoni Márquez**
Directora honorífica del IAACC Pablo Serrano

**Julio Ramón Sanz**
Director del IAACC Pablo Serrano

EXPOSICIÓN

**Gobierno de Aragón**
Producción

**IAACC Pablo Serrano**
Organización y coordinación

**Antonio Uriel**
Autoría

**Myriam Monterde Maldonado**
Coordinación técnica

**12caracteres - Samuel Aznar**
Diseño gráfico y expositivo

**Moncho García Coca**
Montaje

**Pulsar**
Producción gráfica

CATÁLOGO

**IAACC Pablo Serrano**
Edición

**Antonio Uriel**
Textos

**Isabel Andreu Villanueva**
Traducción

**12caracteres - Samuel Aznar**
Diseño gráfico

**La Imprenta**
Impresión

**978-84-8380-516-9**
ISBN

**Z 1052-2025**
Depósito legal

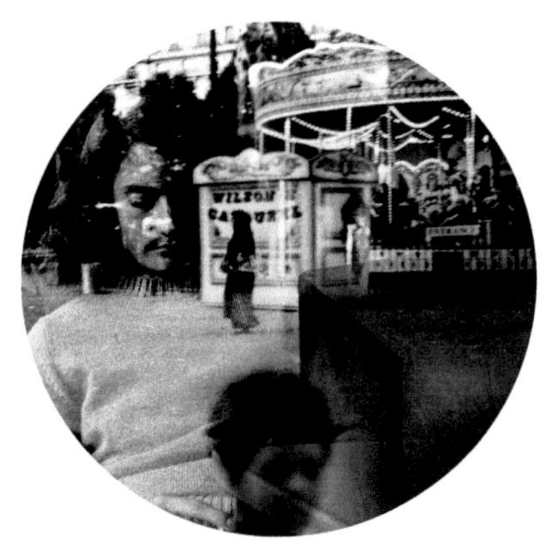
WILSON